老いは楽しい

斎藤茂太

PHP文庫

○本表紙図柄＝ロゼッタ・ストーン（大英博物館蔵）
○本表紙デザイン＋紋章＝上田晃郷

まえがき

私は八十六歳である。

七十七歳が日本人男性の平均寿命だから、平均値は超えている。でも、長生きを目標にしてきたわけではない。「いかに長く生きたかではなく、いかによく生きたか」と、古代ローマの哲学者は問うたそうだが、私は「よく生きる」ことに重点を置いているのだ。

その意味では、「快老」という言葉が私は好きである。病院のベッドに横たわり、何本ものチューブをとりつけられて百歳まで生きたとしても、うれしくない。元気で、明るく、楽しく毎日を過ごしてこそ、「生きる」ということではないかと思う。さらにいえば、そこに「美しく」を加えられるとより素敵だ。

健康で、明るく、楽しく、品よく生きる。

老いてはそういう生き方がいい。

今年、敬老の日の前に、新聞やテレビがさまざまな高齢者の方々を紹介したが、そのなかに「健康で、明るく、楽しく、品よく生きている女性」がいた。銀座のバーのママさんで、お年は百歳。お店に座っている姿には上品な雰囲気が漂う。お客さんは男性だけでなく、若い女性が相談のためにバーへやってくることもある。そして、最後のお客さんが帰るまで自分も帰らない。魅力と元気をあわせもって、いきいきと仕事している姿には思わず拍手をしたくなる。

とりわけ印象深かったのは、健康にいいというので、好きではない牛乳を朝食のときに欠かさず飲んでいることだ。実は私も、毎朝、自家製の野菜ジュースを飲んでいる。正直に言ってしまうと、おいしくない。それでも飲むのは、健康な毎日を過ごすためである。「ママさん、あなたもですか」と、親近感のような気持ちを抱いてしまった。

また、百歳のママさんが、とりたてて長生きの秘訣などない、と言ったのも面白かった。長寿を得た方が「長生きの秘訣は？」と尋ねられると、たいがい「特に何もしていない」と答えるように思う。では、実際にどんな生活をしているのかと聞くと、規則正しい生活を続け、充実した毎日を過ごしていることが多い。「よく生きる」ことを実践した結果が長生きにもつながっているのだろう。

そうはいっても、年をとると、肉体的に衰えていくのは確かだ。明るく楽しく過ごそうとしても、身体がいうことをきかないということだってある。私も足腰が弱くなって辛《つら》い。だから、「老い」に拒絶反応が出るのもわかる。それでも、「老い」はまんざら悪いことではないと申し上げよう。何といっても、一生に一度めぐってくる「人生の味わいを楽しむ時期」なのだから。

若い頃は「明日の収穫」のために「頑張る時期」である。そういうときに楽しめるのはもっぱら「甘さ」や「刺激の強さ」だ。「酸っぱさ」「苦さ」はあまり心地よく感じない。

しかし、「老い」を迎えたら、もう頑張らなくていい。そこに人生の山も谷も越えてきた経験の蓄積が加わると、「甘さ」だけでなく、「酸っぱさ」にも「苦さ」にも芳醇な味わいを感じられるようになると思う。「老い」を迎えることで、人生の楽しみに広がりが出る、と言い換えてもいい。

若いときには若いときならではの楽しみがあるように、年をとったからこそ手に入る楽しみもある。せっかく年をとったのだ。若いときにはわからない面白さ、楽しみをじっくりと味わおうではないか。

斎藤茂太

＊この文章は二〇〇二年に書かれたものです。

老いは楽しい

目次

第一章 老いの覚悟

第二章 人生後半を楽しむ

第三章　毎日を心豊かに過ごす

第四章　夫婦の関係、家族の関係

第五章　人生の円熟を味わう

第六章 「快老人生」をスタートさせるために

第七章　楽しく美しく生きる大人の知恵

第一章　老いの覚悟

老いることは人生の深い味わいを楽しむことである。

「今、わかっていること」は意外に頼りない

「九十歳にならないとわからないことがある」

こんな言葉を禅の鈴木大拙《だいせつ》師が若い秘書に向かって語ったと、日野原重明さんが『生きかた上手』で書いていた。なるほど、と大いに共感する。

二十歳で気づかなかったことを五十歳になってわかったり、五十歳でわからなくても七十歳になったら「そういうことだったのか」と納得することもある。つまり、「今、わかっていること」がすべてではないのだ。

ところが、若い頃は「今、見えること、わかることがすべて」という感覚が

強い。希望に燃えているときは目指そうとする目標しか見えない。だから、想像できないような大きな力が湧き出てくるというメリットがある。ところが、絶望に陥ると、今度は底なし沼のごとく落ち込む危険性がある。「今、見えている絶望」が未来永劫《えいごう》続くように感じるからだ。

ある画家の卵が洋行したときのことだ。日本を出て欧州の目的地に向かう旅の途中、彼は一緒に行った友人から一人の画家の話を聞いた。しかし、関心を持たなかった。現地に着くと、まず世界的に有名な美術館を訪れた。期待に反してピンとくる絵がなく、失望した。これが続けば、失望は絶望に変わっただろう。

運のいいことに、彼は別の美術館で「これだ！」と感動する絵に出会った。誰が描いたのかと見てみると、「ここにくるときに、友達が話していた画家」であることを知った。この後、彼はその画家の家を訪れ、いろいろと教えてもらうようになり、一流の画家になった。

おそらく洋行するときの彼は、「これから洋画の本場に行き、素晴らしい絵に出会って、自分の画風を確立する」という希望で頭がいっぱいだったに違いない。そういう「今、見ていること」がすべてだったから、初めて名前を聞くような画家の話を聞いても、「そんな画家がいるのか」という程度にしか受け止めなかった。しかし、その名前は頭のどこかに残っていて、絵と出会ったときに再認識した。それが大きな転機となったわけだが、このように「今、わかっていること」は意外に頼りない場合がある。

今はピンとこなくても後で「これか」と思う。それを逆に考えれば、人間は年をとるほどわかることが出てくるということができる。

評論家の江坂彰さんは『ＰＨＰほんとうの時代』の連載エッセイで、「石川啄木の真価を中年になってわかった」と書いている。会社人間だった若い頃は、子供っぽさ、陰気さが感じられて、遠ざかった。しかし、左遷された経験を経て、啄木の歌に感動するようになったという。哀感を含めた味わいに共感を持ったからだろう。

あるとき、「ああ、そうか」と気づくと愉快になる

江坂さんの例ではないが、「わかるようになる」というのは、年齢に応じてわかってくるというだけでなく、経験に応じてわかることも出てくる。

私は飛行機、鉄道、旅行といった趣味の他に映画ファンでもある。青年時代からよく映画を観た。なかには繰り返し観た作品も少なくない。『第三の男』はそのうちの一つだ。

第二次大戦後のウィーンを舞台に、アメリカ人ジャーナリストが行方不明になった友人を探し、ある犯罪とぶつかる。そういうストーリーだが、ウィーンの地下下水道の追跡や並木道をヒロインが歩き去っていくラストシーンは有名だろう。この映画を初めて観たときは、「よくできている。名画といってもいい」という感想を持ったにすぎなかった。

鉄道マニアになって、オーストリアの鉄道に何度も乗った後、再びこの映画を観た。このとき、ウィーン駅の場面で「アムシュテッテン乗り換え」という

アナウンスが耳に響いてきて、「ああ、アルプス方面行きの列車か」と思い、ローカル線の雰囲気が脳裏に浮かんだ。亡父・茂吉がオーストリア・アルプスを旅した跡を訪ね歩いたとき、アムシュテッテン駅で乗り換えたことがあった。その経験が映画の一場面のイメージをひと味違ったものにしたのだ。

それ以上に面白かったのは、アメリカ人ジャーナリストが「あなたの好きな作家は誰か」と聞かれる場面である。彼は「ゼーン・グレイ」と答え、ウィーンの人達はその名前を知らないという顔になった。何度目かに観ていたとき、「ああ、あの作家か」とわかり、思わず笑ってしまった。

メキシコで汽車の旅をした後、サンディエゴから小型機に乗ってロサンゼルス沖にあるサンタ・カタリナ島に行った。この島とロサンゼルス外港のロングビーチの間には飛行艇の定期便が飛んでいる。それに乗るためだった。

島に着いてホテルに泊まった。それはホテルというより個人の家のようだった。ホテルの人に尋ねると、もとは作家の別荘という。その作家がゼーン・グレイ。西部物や野球物、少年冒険物語などを手がけた大衆作家で、アメリカでは人気があったという説明を聞かされた。その後で『第三の男』を観たら、アメリカ人ジャーナリストが大衆小説くらいしか読まない人、文学青年ではない人というキャラクターが具体的に伝わってきて、ニヤリとしたわけである。

こういったことは、目標を持って勉強してわかるものとは違う。犬も歩けば棒に当たるというが、長く生きていれば知らず知らずのうちにいろいろと経験を積み重ねている。それがあるとき、「ああ、そうか」という発見につながる。そして、その発見がひときわ深い味わいをもたらす。その意味で、老いることは楽しみを増すことなのである。

今まで生きてきたありのままの自分と真正面から向き合う。

老いの門口に必要な「人生のなかじきり」

森鷗外の晩年の随筆に『なかじきり』というのがある。大正六年、鷗外がその死の五年前、五十五歳のときに書いたものだ。明治の文豪は、己《おのれ》の人生の終局のときが近いことを感じ取っていたのだろう。「なかじきり」とは、部屋や箱の中を区切る仕切りのことである。

鷗外はこの随筆の中で、老いの門口に立ち止まって自身を顧みているのだが、私は、この年代の人が書いた文章の中で、これほど見事なものを他に見たことがない。やるべきことはやったという自負が満ちあふれているし、それでいて余計な気負いがまったく感じられない。そして、静かにそれまでの自分を懐古（レトロスペクチイフ）しているのだ。

「なかじきり」というのは、ある意味では人生の総勘定だと鷗外は言う。これから先は、自分の余生を生きるというのである。鷗外の言わんとする所は、「なかじきり」までの人生は社会的な活動が中心になっているが、老いの門口に立ったら、社会的な活動の総決算をして、後は個人としての自分を生きていこうというのであろう。これは、現代に生きるわれわれにも大変参考になる生き方であるし、私も皆さんにお勧めしたい。以下にその一部を引用しておこう。

老《おい》は漸《ようや》く身に迫って来る。

前途に希望の光が薄らぐと共に、自ら背後の影を顧みるは人の常情《じょうじょう》である。人は老いてレトロスペクチイフの境地に入る。（中略）

歳計をなすものに中為切《なかじきり》と云ふことがある。わたくしは此《この》数行を書して一生の中為切とする。しかし中為切が或《あるい》は即《すなわ》ち総勘定であるかも知れない。

今こそ自分と向き合うとき

鷗外は、老いるとはレトロスペクチイフ（懐古的）の境地になることだと言っている。レトロスペクチイフの境地とは、自分の一生を振り返り、自分と向き合うということではないだろうか。欲望や希望が次第に薄らいでも、生きている限り自分自身は消えようがない。とすれば、自ずと今まで生きてきた自分と真正面から向き合わざるを得ないではないか。

いろいろな人生があるだろうが、その人なりに精一杯生きてきたとすれば、それはそれでいい。人間の器量というのは人によって違うが、与えられた器量がたとえ小さかったとしても、地道にその人なりに生きてきたとすれば、それは立派な人生だったといえると思う。生きていれば、いろいろなことがある。それを乗り越えて、大過なく老年まで達したとすれば、それだけでもたいしたものである。

しかし逆に、いかに器量が大きくても、傲慢な人生を送って、他人を踏みにじるようなことをしてきたとすれば、それは決していい人生とはいえない。

もちろん、人間、完全などということはあり得ない。誰だってひとつやふたつの後悔はあって当たり前である。ああすればよかった、こうすればよかったと悔やむこともあるだろうが、老いの門口に立って自分と向き合ったときに、精一杯生きてきた自分を受け入れられるような生き方をしたいものである。

「みづからの落度などとはおもふなよ
わが細胞は刻々死するを」

手放せなくなった天眼鏡《てんがんきょう》

年をとってくるといろいろな面で変化が起こる。たとえば、デパートに行くと自然にスポーツ用品売り場に足が向き、昔とは違った物を買うようになった。

- ジョギングシューズ
- トレッキングシューズ
- スポーツシャツ
- ヤッケ

●登山・釣り兼用のベスト
それから、船旅が増えたのでデッキシューズも買うようになった。

これは「老いている」という意識が「廃用性萎縮《はいようせいいしゅく》にならないために」という対応を促した結果だろう。廃用性萎縮とは、「使わないと駄目になる」という整形外科の用語である。私の買い物の変化はもっぱら「足を動かす」という問題意識に基づいていたようだ。

努力ではどうしようもない変化もある。私はもともと難聴の気《け》があったが、七十歳を越してからは、目に衰えが出てきた。眼鏡《めがね》を変えると一時はよく見えるようになったが、それも次第に効果がなくなり、今では天眼鏡が手放せなくなった。海外に出かけるとき、パスポートは命の次に大事なものといわれる。私にとって、いまや天眼鏡はパスポートの次に大事なものである。

七十歳前後から膝が痛み出し、階段の上り下りが辛くなった。とりわけ下りがきつい。手すりをつかみながら下りている。座るときも椅子ならいいが、正座は辛い。われわれの世代の会合では、「掘りゴタツのある座敷で開催」と案内すると出席率がよくなるらしい。さもありなん、と思う。

また、お座敷の会合に出ての帰り、玄関で靴を履くときに身体がうまく安定を保てなくなった。安全を期するなら、たたきに下りて靴を履くのが一番だ。気配りのある店は、たたきに敷物を置いてくれている。

行動の変化でいえば、新聞を開いたとき、まず訃報《ふほう》欄を見るようになった。知り合いの名前が載っていないかが気になるのだ。知っている名前がない場合、亡くなった方の年齢に目がいく。四十代、五十代で亡くなった方には、お気の毒に、という気持ちになる。九十代、百代で亡くなった方には尊敬の念とご苦労様でしたというねぎらいの言葉が浮かぶ。

嫌《いや》なのは同年代の方を見つけたときだ。自分の死というものと結びついてしまう。自分の寿命や葬式をどうするかなど、いろいろと頭の中に浮かんでくる。違う紙面を読み出すと、それは忘れてしまうのだが。

何気なく書いていた字がハタと出てこない

困るのは、昔なら考えられなかったような間違い、ミスが増えてきたことである。

一九九八年、北米と南米をまわるクルーズの船上講師を頼まれ、「にっぽん丸」に乗船した。都合があって全行程を共にせず、サンフランシスコから日本に戻った。サンフランシスコでは現地で旅行社をやっている徳永さんという方の世話になったので、一緒に撮った写真を同封してお礼状を書いた。それを玄関に置いておいたら、家内から「宛名のスペルがおかしい」と指摘を受けた。「TOKUNAGA」が「TOKUNA」となっていた。私は、失敗すると屁理屈をつけて自己弁護する悪い癖があるのだが、これぱかりは何とも言い訳のしようがなかった。

また、船中で着ていた衣類をクリーニングに出したら、クリーニング屋が「ズボンのポケットにこんなものがあった」と言って届けにきた。私は思わず「あっ」と叫んだ。それは「にっぽん丸」の乗船証、私の写真が入ったパッセンジャーIDカード、パスポートのコピーを入れたケースだった。

船が港について観光のために降りるときや再び船に乗り込むとき、乗船証を見せなければならない。また、船内での買い物や食事は乗船証を提示してサインすれば、その場で現金を出さなくていい。クルーズでは誠に大事で便利な身分証明書である。だから、船の中ではいつも持ち歩いていた。航海が終わればもちろんお役ご免である。しかし、旅の記念品としては貴重なものだ。それをポケットに入れたままクリーニングに出すとは、旅行好きの人間にとって重大な過失といってもいい。

忘れるといえば、字を思い出せなくなった。何気なく書いていた字がハタと出てこない。したがって、机の一番手前には辞書を置くようになった。座右の書が辞書ということになる。

あるときは家に電話をかけようとして、自宅の電話番号が出てこないこともあった。手帳を引っ張り出し、あれこれとめくってやっと電話番号を見つけた。自分の手帳に人様の電話番号は記してあっても、自分の電話番号は書かないものだということがよくわかった。

「みづからの落度《おちど》などとはおもふなよ　わが細胞は刻々死するを」

父の茂吉、晩年の歌である。

希望を失ったとき、敗北者になる。
これは人生の大原則だ。

回収されてしまったワープロ

南仏マルセイユの沖に浮かぶイフ島。デュマの『巌窟王《がんくつおう》』で主人公が投獄された島だ。この島を訪れたとき、三田に「巌靴王」という看板を掲げた靴屋があったことを思い出した。頑丈な靴をつくるというメッセージを『巌窟王』にひっかけたわけだ。

そういえば、「クナイチョウゴヨウタシ」という看板のペンキ屋もあった。「クナイチョウ」に「宮内庁」ではなく、「区内町」である。

いずれも同音異義語を使ったしゃれだが、古くからワープロ、パソコンを使っている知人によると、昔は同音異義語を含めていろいろと誤変換があったという。以下、彼から紹介された例である。

「心肺《しんぱい》機能が低下している」が「心配機能が低下している」（心肺機能の低下は問題だが、心配機能は低下したほうが健康にいい）。

「彼はフランス人だった」が「彼は腐乱す人だった」（なんだか怖いものがある）。

「ベルリン」が「ベル鈴」（これはかわいい感じである）。

「ジャマイカの恋人」が「邪魔以下の恋人」（こんな誤変換のままラブレターを送ったら……）。

「素晴らしきタイ旅行の思い出」が「素晴らしき大旅行の思い出」（間違っていても通じてしまうこの手の誤変換は校正で見逃しやすいらしい）。

「彼は指揮官に忠実な兵士だった」が「彼は四季感に忠実な兵士だった」（四季感に忠実とは風流な兵士ではないか）。

「行きたかった講演会に招待された」が「行きたかった好宴会に招待された」

（どちらもうれしいことでは一緒である）。

「私には言いにくいことか。それなら妻に話すがよかろう」が「私には言いにくいことか。それなら妻にはナスがよかろう」（これが出てきたとき、知人は思わず噴き出したという）。

真面目に文章を書いているとき、突然、変な誤変換に出くわすと楽しかったが、最近は機能がよくなって誤変換が少なくなり、効率的である半面、面白さが減ったと彼は残念がっている。

なぜ、こういう誤変換が起こるのかという説明も受けたが、右の耳から左の耳へ流れて消え去った。何といっても、私はワープロもパソコンも使えないのだ。わかるわけがない。以前、息子からワープロをプレゼントされたことがあったが、きわめて忙しい時期に重なり、使わずに置いておいたら回収されてしまった。原稿はボールペンを使って書いている。

「一怒一老」、それは人生を劣化させる

いや、実は、ワープロ、パソコンどころの話ではない。キャッシュカードを使ってお金を引き出すことも、ファクシミリも苦手である。ファックスの機械がカタカタと音を立てると、心臓がドキンとする。いわばファックス恐怖症の傾向がある。

ところが、日本旅行作家協会の理事会に出ると、この頃は「インターネット」なる言葉が飛び交うようになった。それがパソコンと関係あることくらいはわかるが、それ以上は理解不能である。

隣の席に副会長の兼高《かねたか》かおるさんが座っている。兼高さんは私に「いまの話、わかる？　私にはゼンゼーンわからないわ」とおっしゃる。私は自嘲気味に「ついていけませんね」とささやき返す。

パソコンと聞くだけで身震いする。それでも、体調がよくなり、時間ができたら、やってみようかという気持ちはある。人間、希望を失わないことが大切だ。

「ああ、パソコンができない。どうしよう」と悩んだり、「なんでできないんだ」と悲しんだって解決できない。また、「どうしてこんな世の中なんだ」と怒ってみたって始まらない。「一怒一老」という言葉を私はよく使う。一度怒ると一つ老いるという意味だ。老いることは必ずしも悪いことではないが、怒って増す老いは悪い老いである。肉体、精神、そして人生を劣化させる。

それよりも希望を持とう。「いつか挑戦してやろう」という感じで、あまり重くなく考えるのだ。パソコンができなくても原稿は書けるし、情報収集に困っているわけではないではないか。

希望を失ったとき、敗北者になる。これは人生の大原則だと、一人、心の中でつぶやく今日この頃である。

年をとって捨てるもの。羨ましい・憎らしい・悔しい。

最後まで持っておきたいこと

人間、生きているといろいろなものを手に入れ、たまっていく。物ばかりではない。精神的な財産も持つ。経験、知恵、などだ。

しかし、死ぬときは何一つとしてあの世に持っては行けない。それに年をとってくると、たくさんのものを持ち続けるのがしんどくなる。少しずつ持っているものを整理するほうがいい。そうでないと、生きていることが重くて重くてしょうがないときがやってくる。

とはいえ、私自身、あまり整理ができていない。所有物は増えこそすれ、減ることはない。それでも、最低限、これだけは捨てておきたいと思う三つの「シー」がある。

まず、「羨ましい」。

次に、「憎らしい」。

三番目が「悔しい」。

この三つは若い時期、上り坂を走っていく時代にはあってもかまわない。「それなら、私はこういうことをやってやる」という反発のエネルギーの源泉になるからだ。しかし、ある程度の年齢になると、負担でしかない。ただただ負のエネルギーが自分の中にたまっていく。これは老化を促進する要因となり、百害あって一利なしだ。

逆に最後まで捨てずに持っておきたいのは、人を認める心、褒《ほ》める心である。これは人間だけでなく、自然にも通じる。風景を写真に撮るときに「はい、チーズ」と言えば、自然が笑顔で答えてくれると、私は経験上、そう断言する。

この話をしたら、知人が、篠山紀信さんは富士山を撮るときに「いいよ、きれいだよ」と山に語りかけながら撮ったという話を教えてくれた。篠山さんには、我が家族の写真を撮ってもらったことがある。その折のことを思い起こすと、撮影中、「いいですね」という言葉を連発していた。

「いい」

「素晴らしい」

「素敵だ」

と語りかけることが、相手のよさを引き出す。同時に、自分の心から余分なものを処理してくれるように思う。

ささやかなチャレンジ

府中市浅間《せんげん》町に新しい家ができて引っ越してから、私はいくつかのことを止《や》めた。そのなかで大きなものに自動車の運転がある。

初めて運転免許を取ったのは昭和十一年。家に箱形のクライスラーがあったので、それを使って代々木練兵場で運転の練習をした。当時は自動車教習所なるものはなかった。戦争が激しくなると、ガソリンの配給がなくなり、自動車を持っていても使えない。病院所有の車は陸軍に寄付された。私も免許の更新をしなかった。

戦後しばらくは自動車どころの騒ぎではなかった。父が死んだ後、私は再び自動車に関心を持ち、新宿区小滝橋にあった教習所に通って免許証を手に入れた。そして、イギリスのシンガー・モーターズという会社が製造した中古車を買った。この車には苦労させられた。始終故障して修理に出したし、箱根に行くときは湯本でいったん車を止め、エンジンを冷やさないといけなかった。エンジン冷却のため川の水を汲むときに使うバケツも必需品だった。

シンガーには一二万マイル（約一九万三〇〇〇キロ）乗ったが、とうとう専門家から危険なので乗り換えを勧められた。その頃、ドイツから来た心理学者の方に「なぜ日本人なのに日本車に乗らないのか」と言われたことが直接のきっかけになり、トヨペットに変えた。貞操が固い私は、それ以来、トヨタ一辺倒である。

自動車とは長いつきあいになったが、夜、対向車のライトがまぶしく感じられるようになり、思い切って運転を止めることにした。国際交通安全学会のメンバーとして、年齢に上限を設けて、ある年齢以上の人には免許を与えないという意見に私は反対した。人間には個人差があるから、年齢だけで一律に規制するのはおかしいという理由からだ。その代わり、自分の判断で運転するのが危ないと思ったら自発的に止めることを主張した。そういう経緯もあって、目の問題を感じた私は運転を止めたのである。

ただし、免許証の更新は続けている。視力でひっかかって、「一週間後にまた来てください」と言われたこともあったが、何歳まで更新できるか、これはささやかなチャレンジである。

失敗したときに私は一人つぶやく。「それを軽蔑することもなし」と。

「保険、保険」と「入れ歯、入れ歯」

私はよくメモを取る。「メモ魔」と言われるぐらいだ。どうしてそんなにメモを取るのかと尋ねられると、「自分でもわかりません」と答え、「まあ、性《しょう》分《ぶん》でしょうな」と付け足すことにしている。

私の性格の半分は父・茂吉の性格を受け継いでいる。茂吉にとって手帳は命の次に大事なものだった。歌も随筆も手帳が原点となっていたからだ。つまり、茂吉は相当の「メモ魔」であった。そのあたりに、私の「メモ魔」の一源流があるだろう。

余談になるが、茂吉が手帳をなくすことは大事件だった。あるとき、タクシーを降りて手帳がないことに気づくと、典型的な粘着気質型の性格を象徴するような行動を取った。まず、その前に訪れた神社に戻り、神主の許可を得て、賽銭箱《さいせんばこ》の中を調べた。さらには筆と紙を買って「探し物」のポスターをつくり、電信柱に貼って歩いたという。

私がメモを取るのは「忘れるため」という目的もある。必要なことを忘れてしまったら困る。しかし、何かに集中するときは他のことを忘れているほうがいい。そこで大事なことはメモしておき、とりあえず頭の中からかたづけておくわけだ。

しかし、年をとるにつれて、ずいぶんと「忘れること」による失敗が多くなった。それはメモを取っておけば防げるという失敗ではない。それどころか、肝心の手帳がどこにあるかわからなくなって、大騒ぎしたこともある。

前年に院長職を離れたおかげで、一九九五年はよく旅に出た。この年のアメリカまで行くクルーズの最中、「あること」に気がついて青くなった。「あること」とは旅行保険をかけてこなかったことだ。海外に出るときは必ず保険をかけた。クレジットカードのCMで「出かけるときは忘れずに」というセリフがあったが、私にとって海外旅行と旅行保険は切っても切れない関係であったはずだ。それを完全に忘れてしまった。七十九歳になり、いよいよボケが始まったかと憂鬱になった。幸い、何事もなく、旅行は終わったが、以後、旅行に出る前に、「保険、保険」とつぶやくのは、この一件の教訓である。

ちなみに、私が家を出るときは「入れ歯、入れ歯」と独り言を言う。これも痛い経験に基づいている。

あれは七十一歳のときだ。四国へ二泊三日の予定で行くために、私は羽田空港に着いた。チェックインしようとカウンターの前に立った。口の中に何かがないという気がした。何と、入れ歯をしていなかった。四国では人前で挨拶をしなければならないし、講演もある。このままでは話などできない。あわてて家に電話をかけ、家内に届けてもらって事なきを得たが、そのショックから出かける前に「入れ歯」と言葉に出し、指で確認するようになった。いや、私だけではない。玄関先で家内も言うのである。

「入れ歯は大丈夫？」

他人に見られたら、何とも情けない光景である。

「失敗してよかった」とまでは、さすがの私も思わなかった

一九九五年に話を戻すと、能登へ講演に行った折にも「忘れ物」であたふたとした。何を忘れたかというと、帰りの航空券である。講演の当日、台風が接近してきて、飛行機が飛ぶかどうか怪しくなった。羽田空港に行ってみると、小松行の便は飛ぶという。公衆電話から講演先に電話をかけ、確認すると、先方も来てほしいというので、機上の人となった。

帰りの便が心配だった。翌日、中国旅行に出発する予定だったからだ。能登で一泊というわけにはいかない。そんな話をすると、講演先の係の人が小松空港と連絡を取ってくれるという。ご厚意を素直にうけ、飛行機のチケットを渡そうとスーツの内ポケットに手を入れた。

「ない！」

チケットは必ず内ポケットにしまっておくのが習慣になっていたのに、あるはずのものがなかった。スーツの他のポケット、さらにカバンの中を探しても見つからない。そこで思い出した。羽田空港から講演先に電話をかけた際に、飛行機のチケットを送ってもらった封筒の電話番号を見ながらダイヤルしたのだ。おそらく公衆電話のところに置き忘れてしまったのだろう。

小松空港のカウンターに問い合わせると、予約は確保しておくので、チケットを再度購入するようにと言われた。講演が終わって空港に急いだ。チケットを買おうとカウンターに行くと、「お帰りのチケットは届いています」と差し出されて驚いた。事情を聞くと、羽田で封筒を拾った人がカウンターに届け、それを小松行の便に乗せてくれたのだという。人の善意に感謝すると同時に、気分が晴れ晴れとした。もっとも、「失敗してよかった」とまでは、さすがの私も思わなかったが。

さて、その翌日、中国に旅立った私は、四川《しせん》省の成都《せいと》でもうっかりミスをしでかした。町で見かける若い女性達はみんなモデルのようにスタイルがいい。美人の町だなあと感心しながらカメラのシャッターを切った。宿に戻ってカメラを見ると、フィルムが入っていなかった。

父・茂吉の歌にこんな一首がある。

「日に幾度《いくど》にても眼鏡《めがね》をおきわすれ　それを軽蔑《けいべつ》することもなし」

何かを忘れて失敗をするたびに、「それを軽蔑することもなし」と私は心の中でつぶやいている。

第二章　人生後半を楽しむ

今日、味わえる「ささやかな喜び」を大切に。

「目先の楽しみ」にも意味がある

長期的な視野や展望、それから計画性が大事なことは確かである。だから、明日のために今日を犠牲にして生きるという人もいるだろう。特に上り坂を進んでいるときはそれでいいと思う。私も「明日」と「希望」を信じて全力で走った時期があった。

父の死後、車を手に入れ、府中の斎藤病院に通った。満足に食事する時間がないので、助手席の家内に、運転する私の口へおにぎりやサンドイッチを押し込んでもらった。役所の病院監査があるというので、家内と廊下のペンキを塗ったりもした。人に頼めばお金がかかるからだ。職員の給料が払えず、母から借金したこともあった。それでも、無理をして病棟を増設した。今から考えれば、将来に希望を持って生きていたからできたと思う。

ただ、全部が全部、明日のために使うとなると息切れもする。そのときに、身近に存在する「今、楽しいちょっとしたこと」があると救われる。私に飛行機や旅行などの趣味があったのは幸いだった。それらが疲れやプレッシャーを和《やわ》らげてくれた。ある意味では「ささやかな喜び」は「大変な毎日」を縁の下で支えてくれるものなのだ。

「目先の楽しみ」というと軽んじられるかもしれないが、それは人間にとって実に大事なことだと私は思っている。これまでにずいぶん講演をしてきたが、私は根が小心者なので、何回やって経験を積んでも、人前で話すのはプレッシャーがかかる。だから、控え室にいるときは、「どんな話から始めようか」「こういう終わり方がいいかな」と懸命に考えている。始まる直前まであれこれ悩むのが通例だ。そのため、講演前に食事を用意してくれると言われても断っている。どれほどおいしいものであっても、砂をかむようになってしまうのだ。そんな心境だから、話す内容を考えるだけでなく、「うけなかったらどうしよう」とか「聴衆が居眠りしたらどうしよう」と心配になる。そういう重圧にめげそうなとき、講演がうまく終わって、一杯やるときの喜びを思う。そうしてやる気を奮い起こしているのである。

「今」は「昨日」を「明日」へとつなぐ結び目

女性の話を聞くと、爪がうまく切れたから気分よく一日が過ごせたとか、髪型がちょっとおかしくて不機嫌な気分で一日を過ごしたということがあるという。一日が穏やかな気分で過ごせるかどうかは、重大な問題の行方よりも、日々の小さな出来事一つ一つに関係することが往々にしてある。

「朝、お茶を飲むときに茶碗の中に茶柱が立っているといいことがある」

これは迷信、俗信の類だが、それでも、本当に茶柱が立ったときなどは、「こいつは朝から縁起がいい」と気分がよくなる。「そんなのは迷信だ」と信じない人でも、心のどこかで気分のよさを感じるのではないかと思う。

「それは重要な問題から逃げているのではないのか」

そう考えたらせっかく目の前にある宝物を見逃すことになる。「今、現在の気分」がいいか、悪いかは、「明日の成功」と同じぐらい価値があるからだ。

映画の『カサブランカ』で、ハンフリー・ボガートが「昨日のことは忘れた」「明日のことはわからない」というセリフを言ったが、「今が大事」というと、「昨日も明日も関係ない刹那《せつな》的な生き方」ととられるかもしれない。ここでいう「今が大事」は刹那的ということではない。「今」は「昨日」から続いてきて、「明日」へとつながっていく結び目である。だから、「今」がよくないと「明日」にも悪い影響を及ぼしかねない。逆に、「今」を大事にすることで、「明日」が開けるといってもいい。そういう意味でもおろそかにしてはならないのである。

もちろん、「仕事がうまくいった」「やりたいことができた」「懸案事項が解決した」といった喜びが、私達を元気にしてくれるのはいうまでもない。しかし、とりたてて大きな事件ではないが、今現在の自分の気分をよくしてくれる「ささやかな喜び」も大切にしたい。

六十歳を越えたある歯医者さんは大の寿司好きで、行きつけの店を持っているという。「寿司が食べたい」と思うと、仕事を終えてからその店に足を向ける。好物のネタを握ってもらい、軽い晩酌を楽しむ。この時間は何ともいえない幸福感を感じ、「ああ、よかった。明日も頑張るか」という気持ちで家に帰るのだそうだ。

豪華な邸宅に住み、山海の珍味を食し、羽布団にくるまって寝る。これが幸せかというと、私は違うと思う。自分のいる場所を大切にし、好ましいリズムで暮らせれば、それに勝る幸せはないだろう。とりわけ年をとって上り坂から下り坂に入ると、「今日という日」の重みは増す。一日一日の充実感、満足感の積み重ねが大事になるのである。

そこでは「とりあえずの幸せ」「ささやかな喜び」が大きなカギを握っているといっても過言ではない。

老いるほどに
旅の効用が身にしみる。

旅に秘められた老化防止の効果

老化を防ぐ要素として、「食べすぎない」「喫煙を慎《つつし》む」「適正飲酒」「運動する」「ストレスをためない」「寝すぎない」「人とのコミュニケーションを持つ」といったことが挙げられる。旅をすることで、このうちのいくつかがクリアできる。つまり、旅行は老化防止にいいのである。

私の母は病《やまい》の巣窟《そうくつ》のような身体だった。若い頃は結核、カリエス、その後は胃潰瘍《いかいよう》、破傷風《はしょうふう》、腸閉塞《へいそく》、最後はガンで亡くなった。それでも最後まで世界を飛び回っていた。遺体を慶應の病理学教室に解剖してもらったところ、主な病変は胆囊ガンで、ガンの種類は「稀有《けう》なる組織型」と書かれていた。「稀有」というのは、老人に少なく、若い人に多い型だからである。胆囊以外の臓器や血管は比較的しっかりしていて、脳の重さは一一〇〇グラムとあまり減っていなかった。これは旅の効果も少なからず影響していたと思う。

まず、旅をすれば、自然に運動をすることになる。「歩く」ことを強いられるからだ。自分で交通機関や宿を手配する自由旅行はもちろんのこと、パック旅行でも観光名所をまわるときにバスを降りて徒歩というケースは多い。ホテルに入れば、廊下を歩いて部屋まで行かなければならないし、食事のときには部屋を出てレストランまで歩かなければならない。自宅に閉じこもっているのに比べ、何倍も歩くことになるのだ。

身体を動かすと、精神も元気になる。それはセロトニンという物質に関係する。抑うつ状態やうつがひどくなって自殺した人の脳を調べたところ、セロトニンという物質が正常値の半分以下しかないケースが多いというデータがある。セロトニンは気分を高揚させる効果があり、生きる意欲をもたらす物質として知られる。これはスポーツなどの身体を使った活動をすると脳内でつくられる。身体を動かすことがセロトニンをつくり、精神をはつらつとさせるのだ。旅をして身体を動かせばセロトニンが増え、気持ちも明るくなるということになる。

また、旅には刺激があふれている。自分が暮らしているところとは別の土地に行けば、食べ物も違うし、生活習慣も異なる。こういった異質のものと出会うのが旅だ。頭が活性化する要素がふんだんにある。それから、旅行は非日常の場で時間を過ごすことであり、過度なストレスから解放される行為である。気分がすぐれない、落ち込み気味というとき、旅に出ると気分転換になるし、先ほどのセロトニンの効果もあって、元気を回復する効果が期待できる。

さらに、旅は人と出会うという点でも、大いに意味がある。年をとると、新しい出会いがおっくうになるし、人づき合いも疎遠になりがちだ。その点、旅行をすると、否応《いやおう》なく人と出会い、話をする状況が生まれる。新しい友達をつくるチャンスも十分にある。そして、旅は「好奇心」を働かせるチャンスでもある。

私が旅に出る原動力は好奇心だ。もともと人間は「山の向こうに何があるのだろう」「海の向こうに何があるのだろう」という好奇心に突き動かされて旅をしたのではないかと思う。長く生きてきて、いろいろな経験をしたといっても、知らないこと、わからないことはたくさんある。それを知ることは大きな喜びだ。「こんなことがあったのか」という驚き、感動は楽しい。

ギブ・アンド・テイクの精神で行くのが夫婦の旅

もともと私は一人で旅行することが多かった。しかし、テニスで肘《ひじ》を痛め、重い荷物が持てなくなったときに、メキシコ旅行をしなければならず、サポートしてくれる人として家内を同伴した。それ以後、夫婦で旅行することが多くなった。

夫婦二人の旅で何がいいかというと、第一に相談相手がいることである。「トラベルはトラブル」といわれるように、旅行は予定通りいかないものだ。

ときには思いもかけない事態に直面して、自分の頭で考え、行動する必要に迫られることがある。このことは脳に強い刺激を与えてくれる半面、ストレスの原因にもなる。旅のトラブルはたいがい後になって「いい思い出」に昇華するが、トラブルに直面した時点では、顔面蒼白、あるいは怒り心頭といった状態に陥《おちい》ることが多い。そこに話し相手がいると、ストレスが緩和されるのだ。

「困ったな」

「そうですね」

こんな会話をするだけでもずいぶんと不安が和らぐものである。

また、病気のときには心強い。年をとると持病の一つや二つは持つようになる。体力も若い人とは違うから、疲れがたまって体調を崩すことも起こりやすい。そういうときに長年連れ添った伴侶《はんりょ》がいると、大いに助かる。私達夫婦はそれぞれ持病を持っているが、調子が悪くなったらお互いに助け合う。

夫婦の旅でとりわけ男性が意識すべきは「共同作業の場」という点だ。ギブ・アンド・テイクの精神で一緒に営むのが夫婦の旅である。だから、一方的に世話を焼かせるようではまずい。持ちつ持たれつ、助け助けられ、という関係をつくるように注意しなければならない。

そもそも「ギブ・アンド・テイクの精神で一緒に営む」のは夫婦生活そのものからしてそうである。その点からいえば、夫は会社で仕事ばかり、妻は家で家事ばかり、というライフスタイルでやってきた夫婦は、夫の定年を機に旅行することで、共同作業のトレーニングになる。

また、一緒に旅をすると、気づかなかった相手の一面を知るということもある。

「意外に気がきくんだな」

「思っていたより繊細なところがある」

「こんなに社交的だとは思わなかった」

一緒に過ごす時間が限られていたために、見落としていた伴侶の姿を発見できるとすれば、それは定年後に「第二の夫婦生活」を始めるにあたって、大いに役立つだろう。

大人の旅はゆっくり、ゆったりと味わうに限る。

年をとったら船旅がよく似合う

日本人の旅行はだいぶスマートになってきた。それでもまだ、「あれも」「これも」とスケジュールに詰め込む傾向は強い。十日間でヨーロッパを一周するツアーのように、一カ所に一泊程度では、観光の内容に限りが出てくる。聞いた話だが、ある人がパック旅行で中国の北京に行ったとき、故宮博物院の展示物は観ず、主だった宮殿を外側から眺めて終わりだったそうだ。

また、年をとってくると、パック旅行は体力的にきつくなる。朝早くから夜遅くまで、ぎっしりとスケジュールがつまっていると、運動部の合宿並にしんどい。たとえば、「朝六時から七時まで朝食、七時三十分ロビー集合、出発、午前中はバスで××観光、昼食、午後はバスで〇〇まで移動し、△△を見学、夕食後、午後八時頃、ホテル着」という感じである。十二時間以上、外で行動することになる。

連日、これが続けば、ちょっとしたアクシデントで体調を崩すこともある。私はパック旅行を使うこともあるが、中身が充実しているものはスケジュールがきついという感じがする。

それから、パック旅行は便利で楽な半面、自分のペースが確保できないという欠点がある。美術館に行って「この絵はいいな」と思っても、ゆっくり鑑賞する時間がなく、ガイドさんに導かれて次の絵に行かざるを得ないのだ。

あわただしい旅行を止《や》め、ゆったりとした旅行をするということでは、船旅が最適である。特に年をとると、船旅はいい。朝から晩までバラエティにとんだいろいろのイベントがいっぱい。全部に参加してもいいし、キャビンにこもって船内テレビにうつる映画を堪能してもいい。そういう自由がある。朝昼食はラフな服装。夕食はタキシードやロングドレスでピシッときめる。つまり緊張と弛緩《しかん》がある。他の船客とのふれ合いがある。社交がある。新しい友人ができる。つき合いに疲れたら孤独を求めよう。ライブラリーの静かな環境で読書をしたり、思索にふけるのも悪くない。

私も船での旅行が多くなった。一九九二年にはノルウェー船「ロイヤルバイキング・サン」で地中海、大西洋、北海をめぐり、イタリア・ジェノヴァのコロンブス五百年祭、スペイン・セビリアの万国博覧会などを観た上に、あこがれのジブラルタルとキール運河を通ることができた。翌年は同じ会社の別の船で、ギリシア、トルコの古代遺跡を見て回り、ウクライナにも行った。

かつて「クイーンエリザベスⅡ」で三週間のクルーズが計画され、私は船上講師を頼まれたことがあった。しかし、予定した乗客が集まらず、クルーズは中止になった。その後、豪華客船で九十余日間の世界一周クルーズが募集されたら、すぐに満席になったという。ゆっくり、ゆったりとした旅は確実に日本人にも広がっていると思う。

無理は禁物

ある程度の時間がとれるなら、個人で自由旅行にチャレンジするのもいい。パック旅行に比べ、移動や観光の効率は落ちるが、楽しめる範囲が広くなる。

そこで注意したいのは、特に海外旅行では盗難などの危険と背中合わせであるということだ。スリや置き引きはちょっとした隙《すき》をつく。パスポートなどの大事なものは肌身離さずが鉄則である。それから、飛行機に乗るときに預けた荷物が出てこないことも起こる。常用する薬など、当座に必要なものは機内持ち込みにするのが無難だ。

こういった注意点は旅の指南書、ガイドブックに書いてある。それらを読んでやるべき注意点を押さえたら、後は楽しむほうに目を向けよう。旅は何かあったほうが楽しいし、印象深くもなる。トラブル回避に神経を使ってばかりでは旅に出る甲斐がない。

ただ、楽しむからといって「無理」は禁物だ。時間がないのに何カ所も回ろうとしたり、体力を考えずにスケジュールを立て、それを頑張って実行するのは、楽しくない旅の見本のようなものだ。

無理をしないことは私の基本方針だが、旅ではなおさらその心がけが大事になると思っている。だから、孫が十五歳になったとき、私達夫婦も加わり、三世代で出羽三山（月山《がっさん》、羽黒山《はぐろさん》、湯殿山《ゆどのさん》）に向かった折も、無理をしなかった。

父の茂吉が生まれた山形では、男の子が十五歳で元服すると出羽三山に登拝《とうはい》するのがならわしで、茂吉はもちろんのこと、私も十五歳になった年に、茂吉に連れられて三山を登った。一週間前から精進料理を食べさせられ、生まれて初めて草鞋《わらじ》を履いた。このならわしを我が家の伝統に残したいと思い、長男が十五歳になった年、すぐ下の次男を含めて三山に登拝した。今度は孫の番だった。

ただし、私と家内が三山を登ったわけではない。羽黒山には自動車で行き、月山は六合目まで自動車、そこで「若者達」と別れ、湯殿山で彼らを迎えたのである。月山は三つのなかで最も難しい山であり、年をとった私達夫婦には無理という判断による。

旅は三度、楽しめる

旅を楽しむコツはいろいろあるけれども、そのうちの一つに「楽しいのは旅行中だけではない」ということを指摘しておこう。旅は三度、楽しめるのだ。

まず、旅行に行く前の楽しみがある。人によっては、一番楽しいのは行く前だという。どこに行こうか、どんな旅にしようか、何を観ようか、何を食べようか、どんな乗り物に乗ろうか、ルートは……と、計画する楽しみがいいというわけだ。

そして、実際に旅をしているときの楽しみがある。日本人の旅行は、記念写真を撮り、土産を買うことで大方が済んでしまうという性質があるようだが、これではもったいない。旅は日常を離れるところに醍醐味がある。海外旅行なら、現地の言葉で挨拶してみるとか、土産物屋だけでなく現地の商店やデパートに入って商品をチェックするとか、その場所でなければできないことをやってみるといい。

最後に、帰ってきてからの楽しみがある。撮った写真を整理したり、旅の印象や記録をまとめたり、出会った人に手紙を送ったり、近くに住んでいる場合は再会して交友を育む。また、友人などに旅のことを話すのも楽しいひとときである。

人生、回り道をしたほうが楽しいものだ。

道草のおかげで充実した日々を過ごせた

私が初めて列車で長い旅をしたのは四歳の頃だ。父の茂吉が長崎医専の教授になり、母に連れられて長崎に行った。私自身は覚えていないが、後で聞いたところ、三十三時間かかったという。長崎から東京に戻るときは、豪華客船「春洋丸」で横浜まで行った。これは船旅の最初ということになる。

東京での生活は、母が私を連れて皇族のお屋敷にうかがったり、竹久夢二のアトリエに行ったりした。また、銀座のカフェにも連れて行かれたこともあった。幼稚園の頃は、門前で泣きわめいて登園拒否をし、交番から飛んできた警官に園長室まで連行された。小学校の入学式のときには近くの青山墓地に逃亡を試みた。

中学生になると、早々とタバコを吸い、青山通りの喫茶店に入ってキッサガールを眺めた。店を出ると、学校で軍事教練を担当する軍人と出くわし、冷や汗をかいた。また、新宿でＳＳＫ（松竹少女歌劇）のスター小倉みね子さんの脚線美に見とれた。飛行機に夢中になって、憲兵隊につかまったこともあった。

父の意向で医学部に進学したものの、実は最初、文芸科に通った。大学病院の精神科に籍を置いていた昭和十八年に、結婚した。戦争の真っ只中《まただなか》だったが、披露宴をしてもらい、ささやかな新婚旅行もできた。その三カ月後に陸軍に召集され、軍医として中国に行ったり、市川の陸軍病院に勤務したりした。

戦争が終わって復員すると、家を探し、医局員でありながら開業、医師会のくじ引きでゴム長靴があたって大喜びした。学位論文も出し、昭和二十五年に父と新宿区大京町に診療所を開設、昭和三十三年に戦後初めての海外旅行をし、昭和三十九年に最初の本を出した。

以上が、私の半生である。決して医師への道をまっしぐらに突き進んできたわけではないことがおわかりいただけるだろう。あっちへ行ったり、こっちへ来たりと、いろいろなところに寄り道し、道草を食っていた。

その道草が無駄ではなかったと思う。本業の精神科医としての仕事にもプラスの効果があったといえるし、何よりも道草のおかげで充実した日々を過ごせたからだ。

目的が達成できそうもない不安の先に待っていたもの

これは人から聞いた話だが、学校の教師を定年退職した男性がスペイン旅行をして、一つの伝説に関心を持った。それは、「支倉常長《はせくらつねなが》の遣欧使節団の末裔《まつえい》ではないか」といわれる人達がスペインにいるというものだ。元教師の男性は一度、日本に戻り、再度スペインに渡る準備を始めた。スペイン語を勉強し、支倉使節団の資料も目を通した。そうしてスペインに行き、今度はアパートを借りて数カ月滞在した。その間、日本人の子孫といわれる人達に会い、調査をしたことも面白かったが、アパートの住人と友達になって、一緒にバス旅行したことが何よりの楽しい思い出だと、振り返ったという。スペインに行った目的よりも周辺の出来事、つまり道草の部分が楽しいというのは、わかる気がする。

この話を聞いて、目的が達成できそうもなくなって「どうしようか」と思った旅のことを思い出した。

父・茂吉が一九二一年頃にウィーンへ留学したとき、ウィーン大学の学生スラヴィク氏と友達になった。スラヴィク氏は茂吉にドイツ語を教え、茂吉はスラヴィク氏に日本語を教えた。この二人が交友を深めたカフェがまだウィーンに残っていることを知って、そこを一度訪問したいと思った。ところが、ウィーンに何度も行くことがあったのに、カフェを探す時間がつくれず、夢はなかなか実現できなかった。

一九八九年にウィーン訪問の機会を得た。このとき、頼まれた講演の仕事以外の第一目標をカフェ探しに置くと決心し、私は旅立った。ウィーンに着くと、さっそく調べておいた住所を訪ねて行った。ヨーロッパの都市はおおむね通りの名前に番地がふってある。カフェのある場所はそれほど長い通りではない。なのに、目的のカフェは見あたらなかった。

「第一目標は達成できず」という結果に終わりそうな不安を胸に、数日間、私はウィーンを離れた。再びウィーンに戻ったとき、勇気をふるって、まだお元気でいらっしゃったスラヴィク氏に電話をかけてみた。カフェの名前が違っていることが判明した。夕方になっていたが、もう一度、探しに出た。薄暗い通りを歩いていると、新たに聞いた名前のカフェが見つかった。そのときの感動は忘れられない。

中に入ると、スラヴィク氏から電話が入っていて、店の主人に歓待された。茂吉とスラヴィク氏が座ったテーブルを教えてもらい、その上、店の名前を記したマグカップをプレゼントされた。これはこの旅行で最高のお土産となった。

人生は回り道をしたほうが楽しいのかもしれない。

ときがたてばすべてが美化され、辛いことも忘れてしまうもの。

「思い出を美化する力」は幸せになるための能力

老人が「昔はよかった」と言う。これを懐古趣味だと切り捨てるのは簡単だが、その背景をよくよく考えていくと一つの真理が見つけられる。

すべての面で素晴らしい人生を送ってきたはずではないのに、「昔はよかった」と思う。なぜだろう。たいがいのことはときがたてば美化されるからだ。そして、辛いことは忘れてしまい、いい思い出だけが残るのだ。

私は戦友が集まる会合に出ると、懐かしい気分になる。だからといって、戦争中が楽しかったわけではない。それどころか、辛いことばかりだった。でも、嫌な思いを感じないのは、時間が美化してくれているからである。

年をとることで、「思い出を美化する機能」は高まる。うまく利用すれば、これは人間が幸せになるための能力となる。たとえば、旧友との交流を楽しむのには役立つ。喧嘩したり、嫉妬したことが懐かしい思い出になってしまえば、楽しい語らいのときを過ごせるのだから。

『論語』に「朋《とも》有り。遠方より来《きた》る。また楽しからずや」という言葉がある。遠くにいる友人と再会し、旧交を温める。これは人生で至福のときの一つだ。当時のことを懐かしむ。その後の人生を語り合う。どちらも年をとってからできる「人生の味わい方」である。

親しくつきあっていた人で、その後、疎遠になってしまったということはよくある。転勤、引っ越し、転職と、理由はさまざまだが、特に学生時代の友人とは社会に出てから会う機会がなく、年賀状のやり取りだけで二十年、三十年たってしまったという人は多いと思う。定年で会社を辞め、時間に余裕ができたなら、そういう旧友と会う機会を設けるといい。五十代、六十代になると、同窓会の呼びかけが増えるといわれるが、時間的に余裕ができたことと、人生を振り返って昔の友人を思い起こすようになったことが大きい。同窓会があったら積極的に顔を出してみることをお勧めしたい。

私が小学校を卒業したのは一九二八年だから、ずいぶんとときがたった。出席者の数は減り、女性七人、男性五人くらいになってしまったが、小学校の同窓会は平成の御代《みよ》まで続いた。

六十歳をすぎて、同窓会などで旧友が集まると、たいてい生産的な話はしない。「あのとき、おまえはこんなことをした」「実は、あのいたずらは俺がやったんだ」と、昔話に花を咲かせる。それが無駄と思うのは若い頃のこと。いや、若い人でもときにはそういう無駄な時間に身を任せてもいい。肩の力が抜け、心がリフレッシュする。飲みすぎなければ、翌日は「よし。頑張ろう」と意欲も湧くだろう。年をとったら、「ああ、楽しかった」と満足感を味わえるだろう。

嫌な思い出がある旧友とは無理して会うことはない。顔を合わせたくない人が来る同窓会なら欠席してもかまわない。そのときは、会いたい旧友と会う別の機会をつくろう。

友人・知人も老いを豊かに暮らす必要条件

同窓会の機会がまったくないという場合、会いたい旧友を自分から訪問するという手がある。友達が遠方から来るのを待つのではなく、自分が友達に会いに行くのだ。

ただし、音信不通だった旧友に、突然「会いたい」と連絡しても「なぜ？」と不審に思われる可能性がある。年賀状のやり取りだけでもあればまだ訪ねやすいから、そこを起点にして少しずつ旧友との交流を広げていくのが賢明だ。

また、年をとってから好ましい友人は、古くからつきあってきた友人だと思う。お互いのいいところも悪いところもわかっていて、それでつきあってきた人。これはなかなか得難い財産である。とりたてて仲がよくなくてもいい。たまに会って話をする程度でいい。友人とまではいかない知人であっても、昔からのつきあいは大事にしたい。

田舎に住む両親の一方が亡くなり、子供が残った親を呼んで同居する場合、うまくいかないことが多いといわれる。なぜか。一般に老人の独居は不幸なことと思われているが、見知らぬ土地に移り、新生活を始めるほうが大変なのだ。何が大変かというと、友人・知人がいないことである。これこそ独居（独りで居る）だろう。

とりわけ田舎は人間関係が濃い傾向にある。その中で生きてきた人が、人間関係の希薄な都会に移ったならば、深海魚が海面近くに上がったのと同じだ。老いてからはきつい。しかも、新しい友人・知人をゼロからつくるとなると、さらにきつい。

家族関係は大事である。基本中の基本といってもいい。しかし、友人・知人というつながりも老いを豊かに暮らす必要条件である。

「スロー」は老いの特性。「スロー」には「スロー」の楽しさがある。

「椰子《やし》の実」の詩碑を目指して

年をとるにつれ、若い頃に行った場所、経験などを懐かしく思うようになる。そのなかの一つに愛知県の蒲郡《がまごおり》ホテルがある。戦後になって、家内と二人で伊勢へ自動車旅行したとき、帰りにこのホテルに泊まった。そこにまた二人で行きたくなり、三十数年ぶりに訪れてみると、ホテルの名前は少し変わったが、昔のようにクラシックな雰囲気を残していた。

翌日、島崎藤村の「椰子の実」の詩碑があるというので、私達は船に乗って伊良湖《いらご》岬に渡った。ここは初めて訪れる土地だ。ただ、斎藤病院の職員が以前旅行で泊まったホテルが山の上にある。タクシーで藤村の碑まで行き、それからホテルで昼食をとって、また船で蒲郡に戻るという計画を立てた。しかし、この計画は初《しょ》っぱなから崩壊してしまった。船着き場にタクシーの姿が見あたらなかったのだ。

船の会社の人に尋ねると、遊歩道を歩いて行けるという。そんなものかと気楽に受け止め、原生林に覆《おお》われた山を縫うように続く遊歩道を歩き始めた。しばらくすると、視界が開け、美しい浜があらわれた。恋路《こいじ》ヶ浜《はま》という案内板があった。浜にはアサリなどを売る店があり、観光バスや自家用車が止まっていた。しかし、タクシーはなかった。

浜の向こうに山があり、その上にホテルらしき建物が見えた。藤村の碑はホテルの下あたりに建っているようだ。その山に向かう自動車道路を私達はとぼとぼと歩き出した。季節は桜の盛りがすぎた頃、まだ初夏ではないが、日差しは強く、南風も吹いていて暑い。上り坂を歩いていると汗が噴き出してきた。その上、数年来、苦しめられてきた膝の痛みが出てきた。車が何台か通りすぎていったが、そのなかにタクシーはなかった。

大きな満足感は効率からは生まれない

やっとホテルの入り口に着いた。ただし、ホテルの建物はまだ先で、坂道を上っていかなければならない。ホテルまで行って詩碑の場所を聞き、坂道を下って見に行くことを考えると、もう止《や》めようと思った。「ホテルで昼食を食べ、帰ろう」と家内に言うが、「もう少し行ってみましょうよ」という返事が返ってきた。女は強い。牛に引かれて善光寺参りではないが、家内に導かれて歩き出した。

「藤村詩碑」という表示が目に入ったときの喜びは何ともいえなかった。小さな道を下り、やっと目指す相手と対面した。遥か沖合に神島《かみじま》が浮かんでいた。三島由紀夫の『潮騒』の舞台となった島だ。満足感が心の中にあふれてきた。が、苦しみはまだ終わらない。ホテルの建物まではまた坂道を上がらなければならないのだ。ホテルの玄関に着いたとき、私は疲労困憊《こんぱい》、口もきけないほどだった。

レストランで食事をとり、フロントでタクシーを頼んだが、あいにく出払っていて一台もないという。意気消沈する老夫婦を見かねたのか、ホテルがマイクロバスを出してくれ、港まで送ってくれた。二時間半ぐらいかかって歩いた道のりが、わずか十分ほどで着いた。

蒲郡のホテルに戻って、夕食のときに家内が言った。

「今日は苦労して歩いてよかったわね」

私はうなずいた。タクシーで簡単に藤村の詩碑まで行き、ホテルで昼食を食べ、港に戻ったら、身体は楽だったが、あの満足感は得られなかっただろう。手間と時間がかかり、身体も辛かった。それが大きな喜び、楽しみの土壌になった。その意味では、最近、新聞やテレビに出てくる「スローフード」に通じるところがあるようにも思う。

スローフードはハンバーガーなどのファストフードに対する食のあり方を提案するものだが、最近は「スローライフ」という言葉も耳にするようになった。求めるところはスローフードと同じで、画一性、あるいは効率、スピードではなく、自分らしく生き、その過程を楽しみ、味わうという考え方である。たとえば、家の内装を自分でやる。手間も時間もかかるし、コストだって安いわけではない。しかし、自分の好みを納得いくまで追求できる。そのほうが幸せだと感じる人達が出てきている。

面白いことに、「スロー」は老いの特性でもある。行動は遅くなるし、効率も悪くなる。それが悪いことのように思われてきたが、そうではないことを世の中が認知し始めたのかもしれない。

第三章　毎日を心豊かに過ごす

自分に合ったペースで生きる。これも「老い」を楽しむコツである。

「頑張る時期」から「味わう時期へ」

定年で会社を辞める。

重要な地位から離れる。

まるで自分が社会で不要の存在になったかのように感じるかもしれない。確かに寂しさはあるだろう。それは私も経験した。

しかし、会社に勤めているときの忙しさ、重要な地位にいるときの忙しさは、いわば「歯車」としての忙しさだ。他の人との動きに合わせて自分も動く。そういう縛りがなくなるのだから、これからは自分のペースで人生を歩める時期に入ったと考えたらいいと思う。

「適材適所」はもともと建築関係で使われた言葉だという。「材」は文字通り木材のことで、山の南で伐採した木は建物の南側に使い、山の北で伐採した木は建物の北側で使うといいという意味である。

これが人間に対しても用いられるようになったわけだが、この「適材適所」、壮年期をすぎた人にとってなかなかに意味深いものがあると思う。つまり、ある程度の年齢まで生きたら伐採された木材と同じで、それまでの人生で培《つちか》ったものに合った場所を探し、自分を活かすことが大事になるからである。

もともと人間はそんなに大きく変身できるものではない。自分の中に持っていない才能は発揮できないのだ。にもかかわらず、人間は他人と自分を比較してしまいがちである。その無意味さを教える言葉が「隣の芝生は青い」だ。

父の茂吉は鯉《こい》が好きだった。戦争中、山形に疎開したときに、鯉料理をご馳走になったことがある。茂吉は隣の人の鯉と自分の鯉を比べ、隣の人の皿に載った鯉のほうが大きいと判断し、恐縮しながらも「取り替えてもらえませんか」と頼んだ。相手は快く取り替えてくれた。自分のお膳に置いてみると、さっきの鯉のほうが大きく感じた。そこで再度取り替えてもらったという。隣の鯉もやはり大きいのである。

もっとも、他人と自分を比べることは一概に悪いとはいえない。「それなら頑張ってうちの芝生を青くするぞ」と奮起すれば、向上心の源になる。ただ、それはエネルギーがあり、無理がきく時期に限ってのこと。齢《よわい》を重ねると、身体にも心にも重い負担になる。「もっと頑張るぞ」という思いが自分を疲れさせ、苦しめるのだ。

向上心は死ぬまで大事だが、年をとれば「程度」というものを加味して考えなければいけない。いわば「ほどほどの向上心」が大切だ。

逆にいえば、年をとったら、他人を見て頑張る必要はない。やりたい人はやればいいが、やらなくても困らない。老いてからの人生は頑張る時期ではなく、味わう時期なのである。

一生懸命に遊ぶことでエネルギーが湧いてくる

「老い」を生きるペースは自分でつくる。他人のペースをコピーしてそのまま使おうとしても役に立たない。そこで、自分のペースをつくるポイントをあげると、最も重要なことはリズムである。

人間は不思議と「やらなくてはいけないこと」を前にして別のことをやりたくなる。それから、入院したりして何もできず、退屈な毎日が続くと「やりたくなかった仕事」が無性にやりたくなる。これは、「やるべきこと」という緊張に対しては緩和《かんわ》を求め、「何もできない」という弛緩《しかん》した状況には緊張を求めるからではないかと思う。

「一張一弛《いっちょういっし》」という私の好きな言葉がある。緊張するときと弛緩するときのメリハリをつけた生活、それはリズムのある生活であり、充実感につながる。

私は手紙の返事を、受け取ったその日のうちに書く。「明日にしよう」とすると、書かないまますずるずると日を過ごしてしまうからだ。診察を終えて遅く帰ったときでも、すぐに手紙を読み、必要な返信をしたためる。家内は「一風呂浴びてさっぱりしてからやったらどうか」と言うが、そうしてしまったら緊張が途切れてしまう。だから、着替えずに「やるべきこと」を処理する。この仕事が終わると、リラックスできる服に着替える。そうすると、緊張は消え去り、緩和状態になる。そうして最後はベッドに入り、眠る。

リズムは緊張と緩和を織りなしてつくる。混合してしまうとリズムが崩れ、生活が生気を失うことになる。だから、私は趣味だからといって気を抜くことはしない。趣味だからこそ一生懸命にやる。遊びには人間をいきいきさせるエネルギーが含まれている。一生懸命に遊ぶことで、そのエネルギーがどんどん湧いてくるのだ。

もちろん、仕事も一生懸命にやる。ただ、両者は質が異なるから、メリハリはちゃんとつく。かつて世界一周の船旅に原稿用紙を持ち込んだことがあった。しかし、結局、原稿は一行も書けなかった。船に乗っていると「楽しいやるべきこと」がたくさんある。毎日のスケジュールをチェックし、何に参加するかを考える。船の速度や位置をチェックする。他の乗客との交流もある。楽しいこと、好きなことをやる緊張はあっても、原稿書きという仕事に向かう緊張が得られなかった。

仕事には仕事の緊張、遊びには遊びの緊張があるのだ。それをごっちゃにして、遊びを手抜きすると、リズムが崩れるから要注意である。

一日の苦労はその日の分で十分だ。心配事はベッドに持ち込むべからず。

居眠りも睡眠のうちである

『悪い奴ほどよく眠る』という題名の映画があった。本当に悪い人間がよく眠るのかどうかはわからないが、生命の維持にとって睡眠が必要不可欠な行為であることは確かだ。

それほど大事な睡眠がうまくいかない、眠れない、ということで、不眠症という病気が出てくる。ただし、まったく眠れなければ人間は生きていけない。生きている以上、必要最低限は眠っているのだ。だから、「不眠症」というより「不眠心配症」と呼ぶべきだろう。これは神経質な人に起こりやすい。

一方、長く眠ればいいというものでもない。九時間以上眠る人と四時間以下しか眠らない人のどちらも死亡率が高いという統計がある。もっとも、個人差というものがあるので、一概にはいえない。睡眠時間が短いほうがいい人もいるし、長い睡眠時間を必要とする人もいる。八時間睡眠という物差しで杓子《しゃくし》定規《じょうぎ》に測らなくてもいい。

ちなみに、居眠りも睡眠のうちである。寝ていないと思っていても、居眠りをすることで必要な睡眠を確保していることはよくある。実は私の家内がその実践者と思われる。家内の夜の睡眠時間は、おそらく二、三時間といったところだろう。なぜ、夜の睡眠が短いかというと、寝付きが悪いとか夜眠れないというわけではない。私はテレビをつけていないと原稿が書けない。家内は逆に、テレビがついていると手紙ひとつ書けない。だから、私が寝るためにテレビを消して居間を去ってから彼女の時間が始まる。そのために夜の睡眠時間が短くなる。それを居眠りで補っているのだろう。

これまで家族で箱根によく行ったが、家内は居眠りをしていて途中の風景をほとんど知らないに違いないし、外国を旅行しているときに車窓を見ていないこともしばしばだ。それでいて、必要なところはちゃんと起きる。家内はテレビのサスペンス物をよく観るが、居眠り状態に入っても、クライマックスにさしかかり、ついに探偵が犯人を名指しすると、やおら目をあけて「やっぱりあの男が犯人だった」とつぶやく。こうなると居眠りの達人と顕彰《けんしょう》したくなる。

また、近年は昼寝の重要性が指摘されるようになった。短い時間の昼寝は頭や身体をリフレッシュするのに効果的だということが、実験などで示されている。

なお、上手に昼寝をするポイントは「寝すぎないこと」にある。せいぜい二十分くらいにとどめる。それ以上寝ると、起きたときにだるさを感じたり、夜の寝付きが悪くなったりして、逆効果である。

就寝前の儀式で気分よく眠りに落ちる

いずれにせよ、よく眠ることはまことに大事だ。食事をおいしく食べられ、夜はぐっすりと眠れば、次の日の朝が快く始まる。それを繰り返すことで、一日一日がよいリズムになっていく。単純な話、「ああ、いい一日だった」と思って眠りにつくのと、「嫌な一日だった」と思って眠るのとでは、翌朝の寝起きが違ってくる。よい眠りには一日の終わり方が影響するのだ。

江戸っ子は「宵越《よいご》しの金は持たない」と啖呵《たんか》を切った。私達は「宵越しのストレスは持たない」と啖呵を切りたいところだが、現実はそう簡単にはいかない。しかし、一日の終わり方に対する工夫はいくつかある。

この頃、立ち飲みの居酒屋が流行《はや》っているという。お客さんは男女を問わず、若い人も年輩の人もいて、一人で来る人も多いらしい。会社の帰りに立ち寄って、ちょっと一杯ひっかけて家に帰る。それを一日のピリオドにしているわけだ。立ち飲みで軽く一杯やって仕事のストレスを断ち切るのは悪くない。

また、寝る二時間前ぐらいに適度な運動をすることがよく眠るコツだと、足利工業大学の小林敏孝教授が指摘している。これは生理的機能面での研究結果だが、心理的機能ということでいえば、「就寝前の儀式」が効果的である場合も少なくない。

私の診《み》た患者に、ベッドを必ず三回り半してから寝る人がいた。こういう一定の行為を行うことで、心理的に「寝るぞ」と暗示がかかる。それが眠りを誘発するのである。

私はそこまで厳密な儀式ではないけれど、ちょっとした儀式をやっている。それは読書である。『文藝春秋』や『中央公論』などの総合月刊誌と航空雑誌を二冊ほどベッドに持ち込み、少しずつ読む。特に大好きな航空雑誌を読むときは至福の時間である。気持ちよくなったところで明かりを消し、目を閉じる。

それでもうまく眠れないときは、ベッドの中でいろいろと「楽しい妄想」をする。私が操縦桿《かん》を握り、銀座の街頭でアクロバット飛行をやる。「あれは斎藤茂太が操縦している」と人々が感心して話す。そんなことを想像しているうちに、眠りに落ちることもある。

「明日のことを心配するな」と聖書の中に出てくるそうだ。明日になれば明日の苦労が出てくるから、一日の苦労はその日のうちにピリオドを打つということを教えているらしい。もっともなことだと思う。

ストレスや心配事をベッドに持ち込まず、できるだけよい気分で眠りに入れば、新しい一日を快適にスタートさせてくれるだろう。

ほどほどのお酒は心に元気を与える良薬。ただし、酒は飲んでも飲まれるな。

アルコールは精神の抑制を解除する

私はアルコール健康医学協会会長である。そして、お酒が好きでもある。「酒は百薬の長」ともいわれるが、お酒を「楽しい時間を過ごす道具」と心得ていれば、過剰なストレスを解消し、心の疲れをとるのには効果的だ、また、人と人とのおつきあいを充実させてくれるなど、いろいろと効能がある。

アルコールは精神の抑制を解除する力を持っている。だから、ほろ酔いの状態は気分がいい。女性を見ればみんな魅力的に見えるし、原稿を書けば「これはノーベル賞ものだ」と思ったりする。なかなか書き出せないでいる原稿は、一杯ひっかけてから書くと、スムーズに筆が進む。能力が向上したわけではなく、精神の抑制が弱まったので、心理的に書きやすくなったためだ。当然ながら、素面《しらふ》で書くより誤字脱字やおかしな文章が多くなるが、それは翌日、推敲《すいこう》すれば事足りる。

気持ちよく酔ったところで切り上げると、翌日は爽やかである。それがわかっていながら、私自身、飲みすぎてしまったことは少なくない。最後のほうになると、お酒の味がわからなくなっている。これはおいしいお酒に申し訳ない飲み方だ。おいしいと感じているうちに止めるのが、お酒に対する礼儀である。

面白いことに、一杯目に「おいしい」と言ってお酒を褒め、「これから楽しく飲むぞ」と自己暗示をかけると、どんなお酒でもおいしくなるものだ。これまでの経験では、飲み始めが楽しいとうまく終えることができているように思う。始めよければ終わりよし、といったところである。

そうして明朗活発に飲むと、心は楽しく遊び始める。逆に、陰々滅々《いんいんめつめつ》として飲むと、心が暗く暗くなっていく。つまり、お酒を飲めば楽しくなるというより、楽しく飲む心がけが大切なのだ。とりわけ年をとれば酒量は減るのが自然である。量より質を心がけるのが「大人の分別」というものである。

お酒の飲み方一〇カ条

「一杯目人酒を飲み、二杯目酒酒を飲み、三杯目酒人を飲む」という言葉があるが、同じ話を繰り返すようになったら「三杯目の危険信号」がともったと考えていい。お酒は飲んでもいいが、お酒に飲まれてはいけない。

なかには酒癖の悪い人がいる。愚痴を言い出したり、絡《から》んだりする。一緒に飲んでいると迷惑な存在だ。でも、まだいい。度を超すと、アルコール依存症になってしまう。これは問題だ。日本の飲酒人口は七〇〇〇万人（執筆当時）と推定されている。アルコール依存症患者は予備軍も含めて二四〇万人以上（執筆当時）といわれる。

アルコール依存症になると、社会生活に支障をきたす。仕事における人間関係も家族の関係も危機に陥る。もちろん、身体にも悪い。人生八十年時代の日本で、アルコール依存症患者の平均寿命は五十三歳である。

アルコール依存症にならないまでも、大量の飲酒は健康によくない。適正飲酒が文字通り「肝要」だ。では、どれぐらいが適正なのか。これも個人差があるけれど、アルコール健康医学協会の会長としてお勧めするのは、日本酒なら二合まで、ビールなら中瓶二本まで、ウィスキーならダブル二杯まで、というのが目安である。

なお、日本酒五合以上、ビール大瓶六本以上、ウィスキーのダブル五杯以上を毎日飲んでいると、アルコール依存症になる危険性が高い。男性は十年、女性は六年でアルコール依存症になるという統計もある。

私がお勧めしたいお酒の飲み方一〇カ条は次の通りである。

一、笑いながら共に、楽しく飲もう。

二、自分のペースでゆっくりと。

三、食べながら飲もう。
四、自分の適量にとどめよう。
五、週二日は休肝日を。
六、人に酒の無理強いをしない。
七、薬と一緒には飲まない。
八、強いアルコール飲料（二〇度以上）は薄めて。
九、遅くても夜十二時で切り上げよう。
十、肝臓などの定期検診を。

ご参考までに。

おしゃれは自分を再発見する絶好の機会である。

「見た目のよさ」に若さは宿る

もし常夏の国ハワイで老後を過ごせるとしても、私はハワイに移住しない。季節の変化がないことに抵抗感があるからだ。なぜ、それが問題かというと、「服」に関係してくる。温暖なハワイでは年がら年中Tシャツでいい。そんな生活をしていたら、頭の中身までワンパターンに染まってしまう。これは心の健康によくない。

心の健康には適度な変化が大事である。そして、服を着るということは変化をつけることである。温度、湿度といった気候に合わせる。晴れ、雨といった天気に合わせる。それから、TPOに合わせる。こういったさまざまな条件を考え、着る服を選ぶことは「生活を創造すること」といってもいい。それは日々の充実感に少なからぬ影響を及ぼすのだ。

私は自分の着る服に気を遣うほうだ。中学生の時代に、自分で制服にアイロンをかけていたから、性格といってもいいかもしれない。今でも、毎晩、ベッドに入る前に、明日のスケジュールを確認し、「どんな服がいいか」と考える。行く場所、会う相手で着るものが変わる。これがまた楽しい。

高齢者の方に私はよく船旅を勧めるが、船内では、朝、昼、夜と少なくとも三つのパターンをこなさなければならず、一日のうちで服を替える生活ができることが理由の一つである。

船旅では「フォーマル」「インフォーマル」「カジュアル」と三種類のドレス・コードがある。フォーマルは正式なパーティーで着るようなきちんとした服、男性ならタキシードなどを着る。インフォーマルを指定されると、フォーマルほどきちんとしないが、男性はネクタイを締める。カジュアルは文字通り、普通の格好だ。出港、入港、それから上陸して観光するときなどはポロシャツにコットンパンツでかまわない。こういう服装の変化を楽しむのも船旅の面白さである。

着る服によって人間の気分は変わる。きちっとしたスーツにネクタイを締めると気持ちが引き締まるし、ラフなジャケットにポロシャツ、コットンパンツというカジュアルな格好をすれば、リラックスした感じになる。つまり、「形」は心につながる。だから、おしゃれをすることは心の張りにつながり、明るくいきいきした生活を演出する一つのカギを握っているのである。

お世辞ではなく、本当に年齢より若く見える人がいる。そういう「見た目」の若い人は、おしゃれであることの大切さを教えてくれる先生だ。

実は「見た目のよさ」に若さは宿るのだと思う。「おしゃれを忘れずに」「老いてはベストドレッサーを目指そう」と私がしばしば言うのは、以上のような理由からである。

TPOと勇気

おしゃれというと、女性の専売特許のように聞こえるかもしれない。男性のなかには抵抗感を感じる方もいるだろう。しかし、男女を問わず、おしゃれは重要である。男性でおしゃれに抵抗感がある人には、「ダンディズム」と言い換えてもいい。ダンディズムは単に流行を追いかけることではない。自分という花を咲かせることである。

「おしゃれ」にしても「ダンディズム」にしても、二つの面がある。一つは他人の目に美しく映ること。もう一つは個性をアピールすること。ショーウィンドウに飾ってあるものを着たからといっておしゃれではないし、自分らしければ何でもいいというわけでもない。両立して初めておしゃれが成り立つ。

では、どうすれば両立するか。まず、他人の目に美しく映るためにはTPOが大事である。フォーマルなパーティーにTシャツとジーンズでは場違いで雰囲気を壊すし、海水浴にスーツとネクタイ姿というのも変だ。時間帯、場所、状況を考慮して、着るものを選ぶ。こうすれば、少なくとも他人に不快感は与えないし、その場にそぐわないということもなくなる。

個性を出すには勇気が大事になる。新しい服、いままで着たことのない服を着るのは勇気が要る。年をとると、女性でも黒や灰色といった地味な色を選んでしまうが、シックな雰囲気になればいいけれども、くすんだ雰囲気をつくってしまう危険性も高い。ＴＰＯを考慮しつつ、明るい色の服を着ると、若やいだ雰囲気になる。

多くの男性は赤やピンクに抵抗を感じるだろう。しかし、「遊びの場」では華やかな色を大胆に使ってもいい。ただ、バランスを失してはまずい。コーディネートはきわめて重要な要素である。

コーディネートということでいえば、一緒にいる伴侶とのコーディネートもおしゃれの演出で大事だ。パーティーに呼ばれたときなど、夫婦のコーディネートができているとセンスのよさを感じさせるものだ。

男は自分で服を買うべし

ビジネスマンにとってスーツは制服であり、着慣れているだけに、たいがいスーツはきちんと着こなしている。スーツやネクタイ、ワイシャツなど、「仕事の制服」はやはりみっともなくないものを、と神経を使うからだろう。

これがスーツ以外の服になると、一転して格好よくないという人が少なくない。それはセンスがないということではなく、普段から神経を使っていないことや、あまり重点を置いていないことが原因だ。

なかにはスーツやネクタイも他人任せにしている人がいる。こうなると、センスが磨かれていないから、まずは自分でスーツを買うところから始めるといい。

男性がおしゃれのセンスを磨く場合、デパートに行って紳士服を見て歩くのは一つの方法だ。女性がよくやっているウィンドウショッピングを真似《まね》るのである。そうして見て歩いた上で、自分自身で服を買う。

実際に買うとなると、真剣みが違ってくる。また、いろいろと試着し、あるいは売り場の人に相談しているうちに、自分に似合った色や服の種類が発見できることもある。グレー系を着ていると冴えないが、茶系を着ると渋い感じになるかもしれない。

おしゃれはある意味で「自分を再発見する機会」でもある。

バカンスは長期的な息抜き、ユーモアは瞬時の息抜きである。

笑顔にはその人の生き方があらわれる

美人の笑顔が素敵なのではなく、笑顔の素敵な人が美人なのである。「笑い」は人の顔を魅力的に見せるのだ。したがって、どんな人でもいい笑顔ができれば、素敵な顔を持っていることになる。私が回診のときに笑顔をつくるように努めているのは、少しでも素敵な顔で診《み》ることができれば、患者さんにとってプラスになるはずと考えているからだ。

笑顔がいいといっても、おべっかを使う笑顔は見ていて気持ちのいいものではない。裏に何かが潜んでいることが伝わってしまうから、警戒心が湧いて、リラックスするどころか緊張する。その反対に赤ちゃんの笑顔は例外なく素晴らしい。見ているこちらの気持ちが温かくなり、ほぐれる。笑顔にも質というものがあるらしい。

その意味では、笑顔にその人の内面があらわれると私は考えている。その人の人生、生き方があらわれるといってもいい。笑った顔が温かさを感じさせる人は、きっと温かい人生を生きてきたのだろうと思うし、笑った顔に何ともいえない深い味わいを感じさせる人は、深みのある人生を送ってきたと思うのである。

「男の顔は履歴書」という名言を残したのはジャーナリストの大宅壮一氏だった。自分の生きてきた人生、経験、人間性、すべてが凝縮されて顔に表現されている。それは美男子だとか美人だとかいうことではない。シャネルの創業者ココ・シャネルは「二十歳の顔は自然の贈り物。五十歳の顔はあなたの功績」と言ったが、これも大宅さんと同じことを指摘しているのだと思う。

私の考えは、大宅風に言えば「笑顔はその人の履歴書」、ココ・シャネル風に言えば「笑顔はその人の功績」ということになる。

「笑い」は老化防止にも効果的だ

顔の表情は感情の鑑《かがみ》である。笑えない人は感情がうまく機能していない。したがって、笑うことによって顔の筋肉を動かし、リラックスした表情をつくることは、感情機能のリハビリになる。厚生省（現・厚生労働省）の公衆衛生審議会の場で、タバコのパッケージに「健康」に関する断り書きを記すことについて、委員の間で意見がまとまらなかった。委員長が「では、一服してゆっくり考えよう」と言って、会議室が笑いにつつまれたことがあった。自分だけのリハビリに止《とど》まらず、集団の硬直した雰囲気のリハビリにも「笑い」は有効である。

最近は「笑い」が免疫力を高めるという実験結果も出ているが、老化の防止にも効果的である。「笑い」は百薬の長といっても過言ではない。ところが、日本人は「笑い」の効能を十分に使えずにいるように思える。ジョークのつもりで言ったのに通じず、気まずい思いをした経験が私にもあるが、どうも日常生活での笑いがぎこちなくなりがちだ。

日本と対照的なのは欧米である。特にアメリカの大統領はユーモアやジョークを上手に使う人が少なくない。レーガン大統領は狙撃されて病院に運ばれたときに「きみは共和党員だろうね」と医師に言って、笑いで周囲の雰囲気をなごませた。クリントン大統領は国民の支持についてインタビューを受け、「夜、テレビでニュースを観ていると、私自身、自分を支持したくないことも多い」と言ってユーモアでかわした。どちらも強い緊張状態を一言で和らげたのである。こういうユーモアを日本の政治家が使っても、どれほど有効かは疑問である。

第二次世界大戦のときに、ドイツのロンメル将軍によってイギリスが北アフリカ戦線で劣勢を強いられていることが議会で取り上げられ、チャーチル首相が攻撃された。チャーチルが「では、誰が指揮官に適切か」と切り返すと、相手の議員は「ロンメル将軍」と答えて議場は爆笑に包まれたという。もし、同じ時期の日本で「マッカーサーを指揮官にしろ」などと言ったら、「非国民」の罵声を浴び、即刻逮捕されたに違いない。

日本人はみんな真面目すぎて、ユーモアが入る余地を心の中に残しておけないようである。経済的に豊かになったといわれる今日でも、その傾向は色濃い。先日の新聞に、定年退職してボランティアに参加した人が真面目にやりすぎて体調を崩し、続けられなくなったという話が出ていた。息抜きに誘われても「これは遊びではないから」と夜遅くまで頑張ったのだそうだ。真面目すぎることの悲劇である。

バカンスが長期的な息抜きなら、ユーモアは瞬時の息抜きである。両方を上手に使ってヨーロッパの人は緊張の強い社会を生き抜いている。そのヨーロッパにあらわれた精神医学者フロイトは、「ユーモアは心を解放する」との言葉を残した。勤勉で真面目な日本人には貴重なアドバイスである。

芸術に親しむことは、趣味も実益も兼ねた楽しみ。

右脳を刺激して脳全体を活性化

人間の脳細胞の数は、約一五〇億あるといわれている。この脳細胞は毎日少しずつ破壊され減少していくのだが、四十代も半ばを過ぎると減少率は加速度を増し、毎日一〇万個もの脳細胞が減っていくという。本人にその自覚がなくても、脳細胞が減少することによって老化は否応なく進んでいくのである。

つまり四十歳を過ぎると、老化はもう「ずっと先の話」などではないのだ。脳の老化現象として、一番はじめに現われるのが記憶力の減退である。脳の老化現象を自覚し、いまのうちから脳細胞をよく使う工夫をして、脳を活性化させたいものである。

さて一般的に、創造的あるいは芸術的な趣味には老化防止の効果があるといわれている。音楽を聴いたり絵画を鑑賞したりすると、人間の感情をつかさどっている右脳が刺激され、脳全体が活性化するからだ。

陶芸や楽器演奏などでも右脳の活性化を図ることができる。右利きの人は、粘土をこねたりピアノを弾いたりすることによって、普段は使わない左手を自然と動かすことになる。これによって、左半身の運動神経が連結している右脳を刺激することができるのである。

マンネリ化した脳からは、なかなかユニークな発想は生まれてこないものだ。創造性をつかさどる前頭葉は普段あまり使うことがなく、働きが鈍くなっているからである。しかし、絵画や写真といったクリエイティブな趣味を持つことによって前頭葉を使う習慣をつければ、脳は自ずと活性化する。ひいてはこれが老化防止に役立つというわけである。

何も芸術家を目指すわけではないのだから、自分にはそんな才能はないなどとあまり小難しく考える必要はない。やってみたいなと思うものに、何でもチャレンジしてみたらいい。

最近では、陶芸がちょっとしたブームになっているそうだ。東京都内の陶芸教室は大繁盛と聞く。手先が器用でなくても、それなりに上達するということだから、そのあたりに面白さがあるのだろう。

しかも陶芸は、作ったあとに使う楽しみが待っている。手作りの湯飲みで飲むお茶の味はまた格別だろう。自作の徳利《とっくり》とお猪口《ちょこ》で日本酒を味わうなんていうのは、想像するだけで愉快になる。

先日、テレビのドキュメンタリー番組で、老後をイキイキと楽しんで暮らしている人たちが紹介されていた。その中に、定年退職後に陶芸を始めた男性がいたのだが、この人は、それまでお世話になった知人や友人にせっせと自分の作品を贈り、生きがいを感じているようであった。自分で作ったものを使うのもいいが、人に贈るというのは大きな励みになる。贈った相手が喜んでくれれば、さらに創作意欲もわくというものだ。

老後は夫婦二人三脚で心の修養を

「老後はどのように過ごしたいか」という質問に、「夫婦二人で、静かに絵を描いたり俳句を作ったりしながら過ごしたい」と答える人は多い。大きな家を処分して、夫婦二人だけで過ごすのにぴったりの手頃なマンションを購入し、誰にも邪魔されずに老後を過ごす人たちもいる。

若い頃には芸術的な趣味に興味のなかった人でも、定年を間近に控えると、急に絵を描いたり、俳句や詩をつくったり、音楽鑑賞を始めたりする。当の本人たちも、まさか自分たちが芸術的なことに興味を持つなんて考えられなかった、と驚いたりしている。

スポーツは、運動したあとの爽快感が何ともいえないほど心地いいものだが、やはりかなりの体力がいる。中高年の夫婦が楽しむには、お互いのレベルがある程度同じくらいでないとなかなか難しいということもあろう。しかし、絵を描いたり、俳句を詠んだり、音楽を鑑賞したりするのは、レベルに少しくらい差があっても一緒に楽しむことができるものだ。

それに、絵画や俳句などはつくる、つまり創造する楽しみがある。スポーツが「動」であるのに対し、芸術は「静」なのだ。誰かに合わせる必要がないから、焦らずに楽しめる。ゆっくりと腰を落ち着けて、自分のために時間を費やせばいいのだ。それは心の修養にもなる。

私の病院でも、入院患者さんの治療には作業療法を、外来患者さんのためにはデイケア療法を取り入れている。スポーツはもちろんのこと、農耕、園芸、木工、陶芸、手芸、新聞編集など、選択肢はさまざまだ。音大のブラスバンドの先生、書道の先生、フォークダンスや民謡踊りの先生を招いて本格的に練習してもらっている。木工品や陶芸品は完成した作品を運動会のバザーなどに出品したりする。つくるだけではなく、出品することが患者さんたちにとって大きな励みになっているようなのだ。

やはり芸術的な趣味は、完成品を人に見てもらえるという楽しみがある。もちろん夫婦で切磋琢磨するのもよかろう。それが適度な刺激にもなるのだ。

老いの季節とはいえ、日常やらなければならないことはまだまだ山ほどある。しかし、夫婦二人三脚で老後を連れ添って生き抜くためには、心の修養も必要である。お互い温かい目で見守り合いながら学びの日を過ごすのも、また素晴らしいことなのではないだろうか。

第四章　夫婦の関係、家族の関係

口でも腕力でも家内に負けるが、夫婦喧嘩はできるのだ。

夫婦は会話をおろそかにしてはいけない

定年離婚、熟年離婚がいわれるようになって久しい。もう珍しいことではなくなったらしく、雑誌やテレビでもあまり取り上げなくなった。

赤の他人同士である男女が一緒に生活する。それが夫婦だ。そこで大切なものはといえば、やはりコミュニケーションである。

夫婦のコミュニケーションが以心伝心であれば理想的だ。長年一緒にやってきて、言葉にしなくても伝わることはあるとも思う。それでも、言葉を介したコミュニケーション、つまり会話をおろそかにしてはいけない。わかっているつもりがわかっていないということは往々にしてある。それが誤解を生み、さらに誤解がこじれてしまうと深刻な事態を招きかねない。「確認」は大切である。

言葉に出してコミュニケーションすれば、ときとして衝突も起こる。そして、それが夫婦喧嘩に発展することもある。それはそれでいいと私は思う。冒頭でいったように、そもそも夫婦は赤の他人同士がペアとなって成り立っている。当然、お互いが違った個性を持つ。それが衝突したとしても、何の不思議があろうか。

私達夫婦もしょっちゅう喧嘩をした。いや、今でもやっている。家内は慎重な性格、私はおっちょこちょいだから、この性格の違いが喧嘩の元になることもしばしばだ。

喧嘩といっても、手や足を使った派手なものは避けている。家内は力持ちなので、やれば私が負けるからだ。かといって、口も家内のほうが達者だから、こちらもやれば私が負ける。それで喧嘩になるのかというと、面白いもので夫婦喧嘩はちゃんとできる。一緒に旅行するときなどは、一週間に平均三、四回は喧嘩をしている。

母が生きていた頃は、母が原因での喧嘩が多かった。もともと嫁と姑《しゅうとめ》のいさかいは姑の息子で同時に嫁の夫である男を含めた三角関係である。私が巻き込まれないほうがおかしい。しかも、私の母は奔放な人だったから、無理なこと、迷惑なことを周囲に撒《ま》き散らしていた。嫁の立場としては大変だったと思う。

かつて「あなたはイエスマンね」と家内から言われたことがある。母の言葉に逆らわないことを、そういう表現で抗議したのだ。なかなかきつい一言である。しかし、それはそれとして「そうですか」と受け流した。その代わり、家内に対する反論はメモしておいた。これが私なりのストレス解消法だ。

「ガス抜き」と「刺激」

「夫婦喧嘩は犬も食わない」といわれるように、他人の目から見ればしょうもないことでガタガタとやっている場合が多い。部外者が下手に関わるとひどい目にあったりして、はた迷惑な代物だ。だが、夫婦喧嘩には効能もある。

もちろん、夫婦喧嘩をやらずに済むのであれば、それに越したことはない。しかし、夫婦喧嘩を抑え込んでストレスを蓄積するのなら、やってしまって発散したほうがいい。

夫婦喧嘩をしないように気を遣い、言いたいことも言わない。要求することもしない。そうして黙っている間に心の中で不平不満や反発がたまっていくと、いずれどこかで爆発する。そのときは大惨事になる可能性が大だ。それこそが夫婦の危機である。やはり「ガス抜き」をしておくことが安全管理として大切である。

それに、日常の些細なことで衝突を繰り返し、それを収拾する積み重ねのなかで夫婦のきずなは深くなるものだし、適度な夫婦喧嘩は「刺激」になることが期待できる。長い夫婦生活がダラダラと流されてしまわないためのアクセントと考えるといいかもしれない。

といって、喧嘩の末に離婚だ何だと大騒ぎになってはまずい。始終ぎすぎすした関係になるというのも困る。これではガス抜きどころか、ガスを充填《じゅうてん》しているようなものだ。したがって、喧嘩をしてストレスを残さないやり方を習得することがポイントになる。この点について万人に共通する具体的なノウハウはない。それぞれが「このへんで着地するのがベター」というところを試行錯誤で探すしかない。

うまく喧嘩ができる夫婦はいい関係を維持できると思う。だいたい、端《はた》から見てどうでもいいようなことで喧嘩になるのは、お互いが相手に関心を持ち、一緒にやっていこうという気持ちがあるからだ。「この人とはやっていけない。別れよう」と本当に思っていたら、離婚のチャンスがくるまでは適当にお茶を濁しておくのが普通だ。

夫婦は血のつながらない他人同士ではあるが、他人行儀な関係ではない。生《なま》の感情がむき出しになって、一緒に暮らしている。

別な言い方をすれば、夫婦はどこかで感情を共有しているといってもいい。

だから、それがちょっとずれるだけで喧嘩につながる。喧嘩するほど仲がいいなどというが、夫婦の場合は喧嘩できるほど仲がいいと考えてもいいのではないかと思う。

家内には長生きしてほしい。夫として感謝を込めて、そして私のためにも。

たまには「ありがとう」の一言を言おう

かれこれ五十年ほど夫婦としてやってきた。これまでのことを振り返って、長続きのコツを挙げてみよう。

まず、「相手に完璧を求めない」ということがある。六〇％なら十分に及第点、八〇％なら花マル、優良可の優である。

それから、ユーモアを忘れないことも大切だ。笑いは人間関係の潤滑油。二人で顔を見合わせて笑える機会を大事にしたい。潤滑油ということでは、おしャれも大事である。外出するときは二人の服装を合わせると、他人の目にも「いい夫婦」に映る。

また、お互いに譲り合うことも必要である。俺が、私が、と突っ張りあっていてはトラブルが解消できない。今回は譲っておこうと思うゆとりを夫婦間では失わずにいたい。

逆にやってはいけないこともある。まず、相手の肉親を批判することだ。これは感情的に傷つけるから絶対に避けるべきである。それと、相手と他の人とを比べてはいけない。「どこどこのご主人は……」「隣の奥さんは……」というのはタブーである。

他にもいくつか思いあたることはあるが、基本は一緒に生きていこうという気持ちと相手を理解することである。そして、たまには「ありがとう」の一言を言おう。感謝されてうれしくない人はいない。

銀婚式を迎えたとき、私は家内に感謝状を贈った。しばらくして家内からトロフィーが贈られた。それには英語で「最も我慢強い夫へ」と彫られてあった。彼女に自分のやっていることへの自覚があったのがわかって、私はほっとした。

妻のお陰で自分がどれだけ助けられているか

私は家内のきつい言葉をメモし、家内の名前を冠した「美智子語録」なるものを編纂《へんさん》している。メモとしてしっかり取り始めたのは七十歳になった頃からだったと思う。それはストレス発散の方法なのだが、読み返してみると「もっともだ」と納得したり、「自分のために言っているのだ」「助けられた」と感謝することがしばしばである。

「美智子語録」は私の欠点を的確に指摘しているだけに、それを公開するのは辛いが、恥を忍んで一部、記しておこう。

「字は楷書《かいしよ》で書いてください。他の人に読めないわ」

「何度お願いしても切手を乱暴に貼るのね。私なら手紙を捨ててしまうわ」

「講演で、一文ももらっていないというのは下品です。母上もきっと嫌がる

「冬去りにけり、は、冬が来た、という意味ですわ」

「あなたはときどき、鬼のような顔になるわ。まるでゴッドファーザー」（これは旅先で、シャッターチャンスを逃がすな、早く撮れと怒鳴ることをいっているらしい）

家内からおこごとを頂戴したときは腹も立つし、「こんちくしょう」と思ったりもする。しかし、その家内のお陰で自分がどれだけ助けられているかを考えると、やはり感謝する気持ちのほうが強くなる。

夫婦というのは長年連れ添っているうちにどこか似てくる。それでも、もともとの性格は消えないから、すれ違い、いさかいにもなりやすい。異なる性格の二人が一緒に生きるのは相応にメリットがあるから、自分との違いを受け止めて理解することが大切だ。

私達夫婦にしても、性格はだいぶ違う。私は父・茂吉の粘着性や完全主義を受け継いでいる半面、母・輝子や祖父・紀一のアバウトな性質も持っている。

だから、茂吉の書いたという色紙などを持ち込まれて鑑定を頼まれると、ぱっと見て「これは本物」「これは偽物」と判定したくなる。特に本業の医師としての仕事が忙しいときなどはそうだ。しかし、直観的な判断では証明性に欠ける。そこで頼りにしているのが家内である。

家内は粘着性、執着性、完全主義の性質が強い。だから、鑑定には慎重を期す。全集をチェックし、落款《らっかん》の変化の研究書に目を通したりして、入念に確認した上で判断を出す。古物商から「なぜ、あれが本物ではないのか」と反論がきても、家内がデータでもって対応してくれるから頼もしい。

夫が死んで、バラ色の第二の人生が始まる？

家内の知恵に助けられることは多々ある。

昭和三十八年、初めてソ連（当時）を訪れたときに、ナホトカからハバロフスクまで寝台列車で移動した。シベリア鉄道の夜行というと情緒があるように感じるが、現実は大変だった。私の寝たベッドの二階に柵がなく、列車が曲がったときに放り出されそうになるのだ。下に落ちれば間違いなく骨折するだろう。打ち所が悪ければ死ぬこともあり得る。私は素直に、下のベッドで寝ている家内に助けを求めた。家内はシーツをまるめて帯状《おび》にし、それを私の身体に巻き付け、落下しないよう固定した。そのおかげで今の私がいる、というと大げさだが、これまでに家内の機転に救われたことは忘れてしまうほどたくさんあった。

というわけで、家事に止《とど》まらず、いろいろな面で私は家内に支えられている。感謝せずにはいられない。ただ、困ったことがある。それは「家内が先に死んだらどうしよう」という恐怖である。

仲間が集まった折に、ある男が「妻が先に死んだら、私は生きていけない」と言った。その場にいた男達の多くがうなずいた。私もうなずいた一人だった。家内がいなければ生活不能状態に陥ることは目に見えている。冷蔵庫の中身もわからなければ、銀行、郵便局に関することもわからない。かつて家内が入院したときは息子の嫁達に助けられたが、家内が先に死んだらたちまち立ち往生するのではあるまいか。

妻に先立たれた日本人男性のうち、三〇％は三年以内に死ぬという統計がある。これは生活能力の問題を越えて、精神的な支えを失うという問題も含んでのことだろう。

一方、女性は夫と死別しても復元力が強い。世界一周クルーズの乗客には未亡人の方がけっこういた。女性は夫が死んで、バラ色の第二の人生が始まるという感じさえする。

私の両親を見ても、父が死んで母はいきいきとし始めた。いくら自由奔放な性格とはいえ、父の存在は母にブレーキをかけていた。それが外れて世界中を飛び回るようになったのだ。

家内にも同じように、私の死んだ後、バラ色の第二の人生を送ってほしいと心から願う。絶対に長生きしてほしい。

「心のときめき」を忘れず、「不良老年」を目指そう。

「心のときめき」を享受するコツ

「不良老年の勧め」などというと、誤解を招くかもしれないが、ここでの不良とは犯罪まがいの悪いことをするという意味ではなく、色気に関わる不良である。チャップリンは九十歳を越えても色気を持ち続けたし、ゲーテは八十歳を越えて乙女に思いを寄せた。

当然ながら、ある程度の年になれば、肉体は衰える。しかし、精神が肉体に比例するとは限らない。ましてや異性に対する「心のときめき」はそう簡単に失われる性質のものではない。若い頃はだいたい自分と同世代の相手がときめきの対象になるが、老いてからの対象は若い人から中年、老年まで幅広い。その意味では「贅沢なときめき」が味わえる。

百歳をすぎたあるお年寄りが「お好みの異性は」と尋ねられ、「年上の女《ひと》がいいなあ」と答えたという。当人は真面目なのだが、下手なジョークを越える面白さがある。こんなことを言えるのは、脳がいきいきとしている証拠だ。

「色気」というとなんだか生々しい感じがしないでもないが、「恋」あるいは「心のときめき」はいくつになっても大事だ。それは人生を輝かせる大きな要素なのだから。

といっても、浮気、不倫を勧めるつもりは毛頭ない。それは私の信条に反する。「家庭に波風の立たない心のときめき」と言い換えておこう。

知人からある愛妻家の話を聞いたことがある。その人は六十歳近くになっているが、奥さんと「お熱い関係」なのだという。ところが、会社の部下で若い女性から「スーツ姿も素敵だけど、普段着でも素敵なのでしょうね」と言われ、彼女を意識するようになった。目が合うと心にさざ波が立つ。ただし、不倫とか浮気に走るわけではない。若い女性から素敵と思われるように、身だしなみや振る舞いに神経を使おうと考えるくらいだ。このへんに、熟年以降の「心のときめき」を享受するコツがあるのではないかと思う。

この世には男と女の二つの性しか存在しない

小学校の同級生に、一人、奇特な女性がいる。何が奇特なのかというと、同窓会で会ったとき、私の顔を見て頬を赤らめてくれるのだ。実は、小学校の四年生のとき、私は彼女にラブレターを送った。返事はこなかった。学校を卒業して、彼女は銀座の楽器店に勤めた。私はその店のまわりをうろうろと歩きまわったような気がする。あるとき、同窓会でそんな話をしたら、「あなたが店に入ってくれていたら、私達、どうなったかしら」と、さらっと言って笑った。

念のために言っておきたいが、私に浮気の経験はない。まあ、正直に言うと、一歩手前までは行ったことがある。ちょうどその頃に父が亡くなり、浮気をする暇がなくなってしまった。警告だったのかもしれない。父の死には感謝すべきであろう。間違っても残念などとは思っていない（と言っておく）。

家内は「浮気したことがあるなら、正直に打ち明けてください。絶対に怒らないから」と言う。私の死んだ後、人様から「あそこの奥様はご主人の浮気を知らなかった。おかわいそうに」と嘲笑されるのが嫌らしい。家内の好きな三島由紀夫の『禁色』にそういう場面が出てくる。ちなみに、「百歳になったら告白するか」と言って私は家内の攻勢をかわしている。

もちろん、妻や夫も異性の対象である。妻に対して「心のときめき」を持っていい。逆に、妻の心をときめかせる男になるよう努力するのもいい。妻の場合も然《しか》りだ。

この世には男と女の二つの性しか存在しない。インドネシアの民話に次のような話がある。

大昔、神様が泥から人間の男をつくった。しばらくすると、男が神様のところへやってきて言った。

「二人で寂しい」

神様はもっともなことだと思い、人間の女をつくって二人を一緒にしてあげた。

しばらくして、二人は神様のところへやってきて、お互いに相手の欠点をあげて罵《ののし》った。

「女はおしゃべりで、うるさくてたまらない」と男。

「男は威張ってばかりいる」と女。

あまりに二人がごたごたを繰り返すので、神様は二人を別れさせようとした。すると、それぞれにこう言った。

「女とは困ったものだ。でも、女なしでは生活できない」

「男とは困ったものだ。でも、男なしには生活できない」

まあ、男と女の関係とは、そんなようなところがある。

〝核〟廃絶に大賛成！家庭崩壊を招かないためにも。

いまこそ見直したい大家族主義

私は常日頃〝核〟廃絶を訴えている。といっても、〝核兵器〟の廃絶ではなくて、〝核家族〟の廃絶である。まあ、「廃絶」と言ってしまうと大げさだが、これ以上の〝核家族〟の増加は食い止めたいと切に願っている。

〝核家族〟というのは、たとえていえば「遊園地の池に浮かぶ手こぎボート」である。簡単で楽しいけれども、大海に漕ぎ出してひとたび大波を食らえば、ひとたまりもなくひっくり返ってしまうだろう。子どものいない夫婦二人だけの家庭は、夫婦間の感情のもつれや意見の不一致が表面化しやすく、暴力行為や離婚が発生しやすい。この関係を平穏無事に過ごしているカップルもいるが、それはお互いが大人で、理解を深めるための努力を怠らないからだ。また、夫婦に子どもが一、二人という、現代では一般的な〝核家族〟も、親が子どもにかける期待が過大になりやすく、子どもの行動への過干渉《かかんしょう》が起こりやすい。子どもがその過干渉に耐えきれないと、登校拒否、非行、家庭内暴力、ノイローゼなどになることもある。母子が密着しすぎると、マザコンが生まれる可能性も大きい。

核家族は、あまりにも機能主義的な形態なので、父母のちょっとした不在や言動が、子どもの心に大きく影響してしまう。また、家族の誰かが病気になったとか、ケガをしたというとき、構成人員が少ないために家族で看護することができないという不便もある。

このように核家族は、ほんのちょっとしたつまずきでも、もろく崩れる可能性を持っている。家族の構成員がみな健康で元気なときは、自由で楽しい生活を満喫できるが、その一角が損なわれたときには、ガタガタと崩れてしまう危険性をはらんでいるのだ。

年を追うごとに、学級崩壊やいじめの問題など、学校や家庭にからむ子どもの問題が顕在化している。もちろん、これらのすべてが核家族化に起因しているのではないにせよ、少なからず関わっているのは確かなのである。

われわれ高齢者にとっても、核家族化はいい傾向ではない。やはり孤独になりやすいし、介護の問題でも老夫婦だけの生活は負担が大きすぎる。

子どもへの過干渉を防ぐという意味からも、構成人員の多さから助け合いが可能という点からも、年々減りつつある大家族は見直されて然るべきである。

家族のそれぞれにメリットがある大家族

そこで私は、声を大にして「大家族主義」を提唱する。もちろん、そこにも悩みはある。住居の確保、経済的問題、嫁姑などなど……。それは長年、長男として大家族をまとめる役目を果たしてきた私が一番よく知っている。しかし、あえてそれを乗り越える勇気を奮い立たせてもいいほどのメリットが大家族にはあるのだ。

親が老親を大切に敬っている姿が、子どもの心の教育にいかに役立つか。そしてそれは親から子、子から孫へと受け継がれていく。三人寄れば文殊の知恵とはよく言うが、高齢者の経験に根ざした知恵が家族を支えることもあろう。家族の誰かが病気、あるいはケガをしたとき、家族が助け合って介抱できることがどんなに心強いことか。

子どもの教育にも、夫婦関係にも、高齢者にも、誰か一人が一方的に得をするのではない、お互いのメリットがあるのだ。

現在の日本では、核家族が主流派であることは否めない。しかしその一方で、多世代にわたって同居する家族も少しずつではあるが増えている。住宅建築でも、二世帯、三世帯同居型のものがたくさん宣伝されるようになってきた。「変化の兆候」は確かに見られるのである。いつかは時代の主流に返り咲く日が来るかもしれない。

私はこれからも、ますます「大家族主義」の提唱に力を注ぐことにしよう。

皆さんも、核家族に別れを告げて、大家族で生きる生活設計を考えてみてはいかがだろう。

「孫育て」は楽しく、またプラスの効果が大きい。

祖父母の存在の重要性

昨今の若い世代は、祖父母の影響が孫におよぶのを嫌う傾向にあるようだが、これは残念なことである。アメリカの文化人類学者マーガレット・ミードは、家族のなかにおける祖父母の存在を次のように位置づけている。

① 子どもの情緒教育に必要な存在
② 人生の先達者的存在
③ 子どもの異常を敏感に感知し、適切に処理できる存在

④　両親の経験不足を補える存在
⑤　家族に限りない愛情を注ぐ存在

このようなプラス面をむざむざと捨て去ってしまうのは、実に惜しいことだ。マーガレット・ミードは以上のような指摘とあわせて、「祖父母と孫の親密感と会話」の必要性を、人間の家族社会に欠かせないものと説いている。

たしかに、孫を猫可愛がりする祖父母は、ときに孫にマイナスの影響を与えてしまうことがある。孫のねだるままに物を買い与えたり、親が厳しくしつけているときに、「そんなに叱らなくてもいいじゃないの」と口出ししたりするのはよくない。このように無責任で過剰な愛情は、ときに神経質で依頼心の強い子どもをつくり出してしまう恐れがあるからだ。しかし、それは度を越した場合であり、いき過ぎを抑えれば問題は起こらない。

以下に、孫と上手につき合うために、祖父母の側が気をつけておきたい心得を述べておこう。

孫と上手につき合う心得八カ条

第一条「ほめてやる」子どものいい所を見つけてほめ、プライドを満足させてやる。親はしつけのこともあって、厳しく接することが多いから、その分を祖父母が補ってやるのだ。ほめてやると子どもは喜ぶ。ほめられた所をもっと伸ばそうとするものである。

私の祖父・紀一もまことにほめ上手な人であった。私が遊びに行けば必ず「おお、重たくなったねぇ」と抱き上げてくれた。母のピアノをいじれば、「うん、ピアニストになれるね」とお世辞を言ったし、画用紙にイタズラ描きをしていれば、「うまいねぇ、大きくなったら絵描きにしてやろう」とおだててくれた。ピアノも絵も、そんなに上手にならなかったかもしれないが、体の方はこんなに大きくなった。それは冗談だが、何か一つでも孫の才能が伸びるならそれでいいではないか。祖父母は孫を大いにほめてやるべきなのである。

第二条「意見は親を通してする」私の母は、孫でもひ孫でもダイレクトに叱ることが多かったが、それはそれで困ったこともあった。ときには、親と祖父母の意見が食い違うこともあるからだ。そのような二頭政治的な教育は、子どもを混乱させてしまうから、祖父母の側に注意が必要なのである。

第三条「孫を偏愛してはいけない」子どもは、大人が思っている以上に敏感である。孫どうしをいたずらに比較したり、競争心を煽《あお》るようなことは、いらぬ反発を招くことになるから決してしてはならない。どの孫も平等に分け隔てなく愛情をかけてやるのが、祖父母のつとめというものである。

第四条「むやみに小遣いをやらないこと」お金や物でしか孫とのつながりを持てないというのは寂しすぎる。それに、小さな子どもが親の知らない所でお金を持っているというのはよくない。たまにやるときでも、親の許可をとってからにするのが心得である。

第五条「話題は豊富にする」学校や勉強のことを訊ねるのもいいが、そればかりでは子どものほうが嫌になる。それでなくても、親から勉強、勉強と言われているだろう。むしろ祖父母は、それ以外の話題を見つけるのがいい。そのほうが自分たちにとっても老化防止の刺激になり、一石二鳥ではあるまいか。

第六条「つねにカッコ良くいよう」　子どもは不潔さに敏感である。老人特有の体臭や口臭にも気をつけたい。身だしなみにも気を遣うことが大切で、いつもオシャレなおばあちゃんやダンディなおじいちゃんでいることが好かれる秘訣である。そしてこれもまた、自分自身を若々しく保つという意味で老化防止に効果がある。

第七条「孫と一緒に遊ぶ」　孫と遊ぶときは本気になって遊ぶのがいい。母親のように、家事の合間をぬって遊ぶのでは、子どもは物足りなさを感じるものである。その点、われわれにはたっぷり時間がある。釣りや将棋、ガーデニングや刺繍《ししゅう》なら、共通の趣味として末長く一緒に楽しむこともできる。

第八条「ときには厳しく叱る」　これは第二条と矛盾するように感じる人がいるかもしれないが、そうではない。親と祖父母では見解が違うかもしれないような曖昧なことではなく、厳然とやってはいけないことを孫がしたとき。たとえば、孫が友達をいじめているのを見かけたり、使ってはいけない言葉を使ったときなどは、「それはいけない」とビシッと叱ってやるのも祖父母のつとめだ。

また、近くに住んでいると、両親に叱られたと祖父母の所に孫が逃げ込んでくることもある。そんなときも、ただ慰めるのではなく、なぜ叱られたのかを聞いてやり、「この次はこうするんだよ」とアドバイスしてやることだ。もちろんそのときも、あくまで孫を受け入れた上で、言うべきことは言う。祖父母とは、なかなかに辛い役回りでもあるのだ。

第五章　人生の円熟を味わう

凡人の人生は、年をとってこそ真価を発揮する。

「天才」と「若いときの力」は似ている面がある

「若さ」は人を輝かせる力を持っている。「とてもできない」と思うようなことでも、若さ故《ゆえ》にやってのけるという例は少なくない。

私も若い頃はがむしゃらになって走った。戦争で青山の病院も自宅も焼けてしまい、我が家はほとんどすべてを失った。昭和二十年十月末に復員した私に残っていたのは借金、という有様だった。

とりあえず家内の実家に厄介になり、十一月に慶應大学の医局に戻ったが、まずやるべきことは住む場所を探すことだった。やっとのことで荻窪《おぎくぼ》に家を見つけた。雨戸はなく、破れ障子の隙間から冷たい風が吹きこんでくるし、歩くとミシミシ音を立てた。水道もなかった。

次に世田谷の代田《だいた》に住むところを得た。医局員で開業するケースはほとんどなかった。大学病院の医局員でありながら開業しようと奔走した。医局員で開業するケースはほとんどなかった。しかし、いろいろと手を使って助教授、教授、そして病院長の許可（というよりは黙認）を得ると、次に地区の医師会、区役所の許可をもらった。生活のためということで、まわりも大目に見てくれたようだ。

昼は医局に詰め、夜、自宅兼診療所に戻ると、精神科医でありながら、風邪、ケガから何でも診《み》た。今、振り返ってみて、「無茶なことをやったなあ」とあきれる半面、「よくあんな馬力があったなあ」と感心する。厚かましくも医局員の身分で開業しようと手を尽くしたのは、祖父の紀一、母の輝子から受け継いだ図々しさのなせる技と思うが、それだけでなく若さの持つ力も大きかったと思う。

八十六歳の今、もう、そういう力はない。その代わり年齢と経験を積み重ね、いわば「知恵」というものを使えるようになった。なかでも、自分以外の存在に目を向け、他の人がどんな気持ちなのかを推《お》し量《はか》ることができるようになったのは幸いだった。そのおかげで、つまらないことでいさかいを起こさなくて済むし、人生の重要な柱である「人間関係」が広く、豊かになった。

面白いもので、天才は他人のことがわからないといわれる。他人の力を借りなくても、自分の持つ才能でどんどん出来てしまうせいだろう。それはある面で「若いときの力」に似ている。どちらも全力で突っ走るパワーと躍動感がある。

ただ、力ずくでやろうとすると、人間関係の壁にぶつかって挫折を余儀なくされるというケースが生じやすい。凡人はそこそこの能力しかないから、すぐに壁につきあたる。そこを乗り越えるには、自分と相手との折り合いをつけざるを得ない。そういうことの繰り返しが、他人を思いやる能力を育ててくれる。

ところが、天才はある程度、力ずくで前進できるから、その能力を育成する機会が少なくなってしまう。ものすごい才能を持っていることはうらやましいけれども、その半面でマイナスもあるわけだ。

まわりの協力を引き出して「衰え」を補う能力

孤高の天才タイプが何より辛いのは、自分の才能以外に世界が広がりにくいことであろう。才能が枯渇《こかつ》したらそれまで、ということになりかねない。また、才能が時流に合わなくなったときにつぶしが効かないという怖さもある。

その点、凡人は得だ。自分一人の力では限界があるから、まわりの人の協力を得て仕事をするのが当たり前である。その環境が他人に気を配ることや他人を思いやる心の成長にプラスとなる。意識して探し求めなくても、「恵まれた環境」が自然に存在しているのだ。

名選手が必ずしも名監督にあらずといわれるが、特別に優れた才能を有する名選手が名監督になれないのは、いま述べた要因も少なからず働いていると思う。

たとえば、野球の世界では、特別に速いストレートは練習して投げられるものではないそうだ。カーブやフォークといった変化球は練習によって習得できるが、速いストレートは肩の強さ、筋力等々、いろいろな条件を満たして、初めて可能になるらしい。だから、プロ野球の投手で一五〇キロ台のストレートを投げる人は、特別の才能を持った人、天才タイプの範疇《はんちゅう》に入るといっていい。

こういう特別の才能によって快速球を投げる投手は、故障したり、肉体的に衰えたりすると辛い。なかには快速球が投げられなくなったら引退、という人もいる。しかし、変化球を覚えて球種を増やしたり、打者との駆け引きが上手になって投手生命を延ばす人もいる。そして、コーチや監督になったときに、速球派から技巧派へ変身した選手は、速球一本槍で引退した人を超える可能性が高い。「自分だからできること」しか知らない天才は、それができない凡人のことを理解して才能を引き出すのが難しいからだ。一方、「並の能力でできること」を探し、努力してそれを身につけた経験は、自分以外の人の個性をより柔軟に引き出す上でもプラスになるはずだ。

年をとるということも、その意味では似ている。いくら頑張っても、加齢によって「衰え」は生じる。そして、衰えるほど、自分一人でできることが少なくなる。そうなると、まわりと折り合いをつけ、協力を引き出して、「衰え」を補うことは一つの方法だ。そこで凡人故に培うことになった能力が生きてくる。凡人が経験した人生は、年をとってこそ真価を発揮するといえるかもしれない。

私は凡人に生まれてよかったと思っている。

心残りの状態で止めておくことも悪くない。

人生八〇％主義、腹八分で生きる

厄年《やくどし》という言い習わしがある。男は数えで四十二歳。自分が厄年になったとき、こんなものは俗信だと思っていた。母から「お前は厄年だ。気をつけなさい」と言われても、気にとめなかった。そして、朝早くに病院に出て、深夜に帰宅するという日々を送った。

健康には自信があった。それに、何といっても四十代は働き盛りだ。やるべきことは山ほどあり、また仕事が面白くてしょうがなかった。

ところが、である。見事に「厄」に見舞われてしまった。病気にかかり、過労も重なってあえなく入院という羽目になったのである。

このときから、考えが変わった。肉体的にも精神的にも大きな変化が起きる時期、いわば人生の折り返し点を、昔の人は経験則で知っていたのだなと思うようになった。

同時に、その頃から「何事も腹八分目」という思いが強くなった。これを「人生八〇％主義」と私は称している。一〇〇％を求めても、なかなか達成できるものではない。「完全」「パーフェクト」を求めれば、どうしたって無理を強いられる。これは身体にも精神にもよくない。足るを知って生きることこそ、健康な人生ではないか。これが「人生八〇％主義」である。

ただし、若い頃は「人生一二〇％主義」でいいと思っている。自分で限界の枠をつくらず、背伸びして頑張ってみる。そうして自分の可能性を開花させる。それが若さの持つ特権である。

しかし、年と共に「頑張らない生き方」が必要になる。厄年をすぎたら、肉体的にも精神的にも若い頃とはパワーが違ってくる。無理をするためのエネルギーが減少するといってもいい。そうであるならば、自分の求めるレベルを一〇〇%に置いたら高すぎる。そこで、八〇%程度に抑えて設定するのだ。

さらにいえば、このごろ私は六〇%ぐらいでもいいと思うようになった。私の年齢だと、脳細胞の約四〇%は死滅している。身体も本当に無理がきかなくなった。だから八〇%でもハードルが高いと感じる。そこで、八〇%の八〇%、それを四捨五入して六〇%あたりが、今の私が無理せず自分のペースでやるのに妥当な線と考えている。

いずれにせよ、「老い」を歩んで行くときは、頑張らないでできることをぼちぼちとやっていく生き方に転換するのが賢明というものだ。

そういう分別に従うことのできる時期が厄年前後から始まると思う。孔子は「四十にして惑わず。五十にして天命を知る」と言ったが、平均寿命が延びている時代だから、「四十にして惑わなくなり始め、五十にして自分のできることがわかり始める」という感じでとらえるといいのかもしれない。

味わい深い体験は分別ができて初めて可能になる

八〇％主義（あるいは六〇％主義）の効能は無用の負担を回避するというメリットだけでない。私は旅行から帰ってきて、「あそこは見てこなかった」「あれをやり忘れた」と思うことが往々にしてある。すると、「もう一度、あそこに行って心残りを晴らそう」というやる気が出てくる。一〇〇％でないから「次の旅」への連鎖とやる気が生じるわけだ。

旅行ライターの田中次郎さんは「意図的にやり残しをつくる」という話をしている。一度行けば十分なところもあるが、繰り返し訪問して「味わい」を深めるところもある。後者は、再訪することで前とは違った印象や楽しみに出会うことが期待できる。そういうところは、常に何かをやり残しておき、次の訪問への足がかりにする。「いってみれば連載小説の〈次号に続く〉という部分を設定する」のだという。

「若い子達は一カ月で何カ国まわったとか、普通は行かない場所に行ったと自慢する。一度行った場所に二度行くことを無駄、ロスと考える者も少なくない。その時間と労力とお金を未知の土地への旅に使いたいと思うのだ。それはそれでいい。私も若い頃は人のやらないこと、人の行かないところにチャレンジしようという気持ちがあった。しかし、同じ土地を繰り返し訪れることは、未知の土地を訪れるのと違ったおもしろさがある。それは、味わい、と呼べるだろうか」（田中次郎『再見〈ザイツェン〉』より）

若い時期は「あれも」「これも」と貪欲《どんよく》だし、どうしても急ぎたくなる。言い換えれば、何事も腹いっぱいに食べようとする。その気持ちを抑えて、「もうちょっと食べたいな」というところで止められるのが「分別」というものの力だ。分別によって自分を制御できると、「次もまた食べたい」と思うし、その気持ちがあるから「あのときに食べたのは……」とおいしさを反芻《はんすう》できる。味わい深い体験は年をとって分別ができてから可能になるのだ。

旅一つとっても無数のバリエーションがある。ましてや人生となれば、もっと複雑で多様性があってもおかしくはない。八〇％でいいとする部分、六〇％

でいいとする部分、極端にいえば一〇%でとりあえずはよしとして再チャレンジする部分があっていい。そういう物事を一律にとらえない見方、考え方が「微妙な変化や複雑な味わいを楽しむ喜び」へと誘ってくれるだろう。

やせ我慢は心に悪い。大人ならではの「軽さ」を発揮しよう。

軟弱はなかなかいいものだ

私の青年時代は戦争と重なっている。軟弱は悪だった。国際協調とか軍縮というと、軟弱と非難された。そういう時代にあって、根が軟弱な私は辛《つら》い目にあった。

その恨《うら》み辛《つら》みがあるから言うわけではないが、軟弱はなかなかいいものだと思う。硬強にはないしなやかさがある。

だいたい、硬いとか強いことに重きを置くと、ぎすぎすした感じになる。楽しむより無理して頑張る、やせ我慢してやり抜くほうが素晴らしいとされる社会は、息苦しくてたまらない。そもそもやせ我慢というのは精神衛生上、きわめてよくない。戦争中の日本がその典型だ。日本軍にはヒステリーにかかった兵士がずいぶん出た。私が勤務した市川の陸軍病院にも、たくさんのヒステリー患者が入院してきた。

ヒステリーは自己防衛のために起こる心因性精神障害である。不登校の子供が朝、腹痛を訴えるのは、学校に行かないことを合理化しているのだが、それは嘘をついているのではないケースが多い。本当に痛くなる。そして、それは怠けたい気持ちが起こすのではない。だいたいがいい子である。学校に行かなければいけないという強い気持ちがある。頑張ろう、頑張ろうとやってきて、それに対応できなくなったとき、腹痛という形で拒絶反応が出る。

日本軍でもそういうケースが頻繁に起こった。しかも、頭痛、腹痛といったレベルにとどまらず、失神、記憶喪失という極端な症状に至った例もある。

市川には高射砲陣地が置かれていた。そこの兵士が一人、突然失踪《しっそう》して大騒ぎになった。一週間ほどたって、その兵士は近隣の林の中で発見された。彼はフンドシ一つの格好で呆然と立っていたという。陸軍病院に入れられ、診察を受けたところ、失踪期間中、どこで何をしていたか、まったく覚えていないことが明らかになった。頭には外傷がない。つまり、物理的な衝撃で記憶を失ったわけではなかった。

高射砲陣地は上空の飛行機から見れば標的になる。当時、アメリカの空襲が頻繁になっていたから、彼は高射砲を撃つ間、ずっと恐怖を感じていたのだろう。その環境が彼をヒステリーに追い込んだと思われる。記憶を失えば、恐怖心は消えてしまうからだ。

軍隊では「ヒステリー」と診断できない。そんなことを書けば、陸軍の上のほうで「帝国軍人がヒステリーなどという軟弱な病気にかかるはずがない」と一蹴《いっしゅう》されてしまう。嘘ではない。私自身、正しい病名を書いて叱られた経験がある。

とはいえ、病名なしでは、その兵士が逃亡の罪に問われて銃殺刑になりかねない。病院長を筆頭に医師が全員でアイデアを出し、一人が中国の本から「臓躁病」という言葉を紹介した。どんな病気かはわからないが、それらしいということで、カルテに記入した。陸軍省からは何もいってこなかった。以後、ヒステリーの発作を起こした兵士のカルテには「臓躁病」と記すようになった。

もっとも、戦争ヒステリーは日本軍だけの問題ではない。アメリカ軍でもかなり起こった。激戦地のガダルカナル島から多くの兵士が本国に送還されているが、そのうちの六〇％がノイローゼ患者だったという。

思いやりのある「嘘」は「方便」である

「こうでなければならない」

「何が何でもやり抜く」

こういう思考が強すぎると、現実との乖離《かいり》がはなはだしくなる。ヒステリーはそういう状況で起きやすい。もっとも、人によっては、自分に都合よく現実を解釈してその差を埋めようとする者もいる。神風が吹いて日本は勝つなどと本気で考えるようになったのはその好例だが、どちらにしても現実に適切な対応ができないことには同じである。

このことは戦争中だけに限らない。日常生活の中でも、「父として」「夫として」「妻として」「母として」「子供として」「上司として」「部下として」等々、かくあるべしという気持ちが強すぎると、そこに凝り固まって逃げ場がなくなる。

軟《やわ》らかく身を処して、臨機応変に現実と向き合う。これは純真可憐な少年少女や一途《いちず》さと情熱を持つ青年には難しい。人生の山も谷も越えて生きてきたからこそ、それができるようになる。いわば大人ならではの「軽さ」である。これを行使するのが大人の実力というものだ。

たとえば、「嘘」をつくことで居心地の悪いガチガチの状態を回避することができる。「嘘」は悪いこと、真実を曲げてはいけないなどと硬直して突っ張るのは、若いうちなら可愛いが、年をとったら困りものだ。

あるとき、電車の中で青年の座っている前に一人の老人が立ったので、青年が席を譲ろうとした。ところが、老人は「けっこうです」と断った。青年はなおも「どうぞ」と勧めるが、老人はかたくなに「けっこうです」と言って座ろうとしない。気まずい雰囲気が漂った。

席を譲られるほど老いていないという気持ち、あるいは席を譲られることに反発する気持ち、どちらの気持ちもわからないではない。それに、年をとれば少なからず頑固さが出てくることも理解できる。でも、気まずい雰囲気をつくらずに断ればいいのにと私は思う。

「ありがとう。でも、立って窓の景色を見ていたいので」とでも言えば、青年も引っ込みがつくではないか。それが本心でなくともいい。その場しのぎの言葉だってかまわない。相手の好意を無にしないための「嘘」をさらりと使う。そういうテクニックを使っても、老人ならば嫌らしくなく、長く生きてきた人の思いやりと受け止めてもらえるだろう。それが「円熟」という効果である。

人生、暗く考えればどんどん暗くなるし、明るく考えればどんどん明るくなっていく。

物事はすべて考えよう、感じ方次第である

定年後、「暇があってもやることがない」「面白いことが何もない」という人。そこまではいかなくても、「生活に張りがない」「毎日がつまらない」と気分が沈んでいる人。

どちらも、事実、そういう状況にいるのだと思う。ただし、物事は考えよう、感じ方次第である。一つの事実をある人は「いい」と受け取るし、別の人は「悪い」と受け取ることがある。このように事実は同じでも幸不幸は感じ方次第で変わるのだから、自分の置かれた状況が変わらなくても、「やることが

ない」「つまらない」という問題は解決できる。

　今、私が楽しみとしているのは「橋を持ち上げること」である。世界中の橋を持ち上げようと考えている。といっても、本当に持ち上げられるわけはない。船上で橋をバックに写真を撮る。そのときに橋を持ち上げているポーズをする。できあがった写真を見れば、私が巨大な橋を両手で支えているかのように写っている。なかなか愉快である。

　最初に「橋を持ち上げた」のは、佐渡汽船がフェリーを瀬戸内海にある造船所から新潟まで回航する航海に乗せてもらったときだった。船が関門海峡にさしかかると、当時の佐渡汽船社長から上甲板に呼び出された。何事かと思って行ってみたら、カメラマンが待っていて、「関門大橋を持ち上げる写真」を撮られた。できあがった写真をもらって見ると、実にうまく撮れている。それ以来、病みつきになった。そして、どうせなら世界中の橋を持ち上げてやろうと思い立った。

　これまでに「持ち上げた」のは、国内では瀬戸大橋、レインボーブリッジ、明石海峡大橋など、海外はサンフランシスコのゴールデン・ゲート・ブリッジ（金門橋）、ニューヨークのベラザーノ・ナロウ橋などだ。いま、二〇〇一年に開通したスエズ運河にかかるムバラク平和橋を狙っている。

旅に出る前には「今度はどこの橋を持ち上げようか」とか「この土地にはどんな橋があるのか」と考えるだけで、うれしくなる。

「いい年をして何をやっているのか」

「馬鹿馬鹿しい」

と、思う方もいらっしゃるだろう。撮影しているところを横から見れば、間が抜けた姿に映るかもしれない。でも、「しょうもないこと」と否定的に考えたら、そのときからつまらないことになる。しかし、「これは面白いぞ」と明るく考えたら、同じことが楽しみになる。考えようによって楽しくなったり、つまらなくなったりするのなら、楽しいほうがいいというのが私の信条である。

どんな人生を送るかは自分で決められる

これは人生全体にもあてはまると思う。暗く考えるとどんどん暗くなるし、明るく考えるとどんどん明るくなっていく。そこでの違いは自分の見方・考え方だけだ。あとは何も変わっていない。しかし、その違いが文字通り「人生の明暗」を分ける、というと、ちょっとオーバーだが、けっこうな差が出るものだ。

大した例ではないが、和歌山県の田辺で講演を頼まれたときのことである。当初は白浜空港まで飛行機で行く予定だった（当時、羽田・白浜間はまだＹＳ11が飛んでおり、それに乗りたかった）。ところが、低気圧の影響で飛行機が欠航しそうになったので、早い段階で陸路に切り替え、新幹線で新大阪まで行き、紀勢線に乗り継いで田辺に向かうことにした。新大阪までは順調だったが、紀勢線が豪雨のために不通になっていた。

復旧の目途は立っていない。どうしたものかと案じ、講演先に電話をかけて事情を説明した。すると、「講演は中止できないので、タクシーで来てほしい」と言う。

鉄道が止まるくらいの豪雨の中、大阪から田辺までタクシーで行くなんて、勘弁してほしい。危険だし、時間がどれくらいかかるかわからない。そう考えたら、腹の中で不満を醸成しながらタクシーに乗ることになる。そんな気持ちで講演に臨んでもいい話はできないだろうし、話し手の気分は聞き手に伝わるから、不快感が会場に満ちてしまう。つまり、講演は失敗に終わることになる。

幸いにも、私は違ったことを考えた。「大阪から田辺までタクシーで行くなんて、誰もやったことはないのではないか」と思いついたのだ。そして、「やろうと思っても普通はなかなかできるものではない。偶然にも、今、やらなければならないことになった。ラッキーかもしれない」と考え、「車マニアの××さんに、大阪から田辺までタクシーでいくらかかるかと聞いても、答えられないに違いない。教えてあげて、あっと言わせよう」などとわくわくしながら車中を過ごした。

そんな私でもイライラし、落ち着きを失ったことがある。イタリアのベネチアで帰国便の席がないと言われたときだ。国際線の場合、「予約した席に乗ります」という確認をする必要があった。これをリコンファームというが、ベネチアで泊まったホテルのフロントが「やっておきます」と言ってくれたので、チケットを預けて観光に出た。夕方、ホテルに戻ると、「席がない」という回答が返ってきたことを告げられた。

困ったことに、どうしても欠席できない会合が日本であり、その便に乗らないといけなかった。さすがに、イライラして、居ても立ってもいられなかった。

そこにあらわれたホテルの人間が、「考えてもしょうがない。せっかくベネチアにきたのだから、テラス席でいい風景を眺めながら食事をしたらどうか」と言う。今でこそ、「さすがイタリア人、楽天的だ」と感心できるが、そのときはそんな気分になれなかった。

しかし、「冗談ではない」などと怒鳴ることは小心者の私にできなかった。押し切られた形でレストランの予約を取り、食事をした。食べた気がしなかった。日本での会合に間に合うかどうかが気がかりでしょうがなかった。

夜中、日本の旅行代理店に電話し、どうにかしてもらうように依頼した。結果をいえば、何とか席が確保でき、予定通りに日本に帰ることができた。今になって振り返ると、レストランのテラスから見たベネチアの風景がやけに懐かしく感じるし、食事の味はまったく覚えていないが、食べたということだけは印象に残っている。

人間には天国に行く自由も地獄に行く自由もあると言った人がいるそうだが、そこまで極端ではないにせよ、明るい人生と暗い人生のどちらを選んでもかまわないと思う。どうやって生きるか、どんな人生を送るかは自分で決められるのだ。

考えようによっては、これはありがたいことである。他人様にやってもらわないといけないことだと、お願いして、あとは待つしかない。やってもらえなければそれまでだ。その点、自分の人生は自分で変えられるのだから。

終わりよければ、次の始まりもよし。

わかっているのに、自分自身のことになると目が眩《くら》む

「人間、引き際《ぎわ》が大事だ」ということはいわれなくともわかっている。引き時をあやまって晩節を汚《けが》し、せっかく築いてきたものを失った人は少なくない。それほどたいそうな問題でなくても、身近の人を見ていて「いつまでもやっているのはみっともない」と思うこともあるだろう。

「あそこで止めておけばいいのに」

それはわかっているけれど、自分自身のことになると目が眩んでしまう。それが人間というものだ。自戒を込めてそう申し上げておきたい。

私は一九九四年に斎藤病院の院長を退いた。息子から「手続き上、四月一日は院長交替に都合がいい」と言われ、「ああ、そのときがきたか」と思った。かねてから病院経営から解放されることを願ってもいた。だから、「あとは任せた。頑張ってくれ」と言うべきところだった。だが、決定機関である理事会と運営委員会の席上、「外来診察日を一日増やしてくれませんか」という言葉が出た。

私はけっこう忙しい毎日を過ごしていた。講演で全国を飛び回り、また旅行作家協会会長として海外に行くこともあった。それが好きでやっていることだと息子は知っている。そこで、病院経営という重しをはずしてやろうという思いやりもあって、院長交替を図ったのだろう。

それもわからないではないが、私としては子供に同情されるほど衰えていないという気持ちもあった。だから、医師としての仕事を増やしてほしいとわがままな申し出をしてしまったわけである。

いや、それだけではなかった。正直いって、もう少しやれるという思いがあった。その分だけ「引導を渡された」という気持ちになり、反発するところもあったのだろう。しかし、院長を辞めてしばらくすると、「あれでよかった」と思うようになった。

「まだまだ」と「もうそろそろ」との間には大きな溝がある。背中を押されて、それを飛び越えられたことに感謝した。

三方一両損ならぬ三方一両得の知恵

たいがいの人は「まだまだ」と考えているときに、それを支える材料を見つけ出すものだ。

「ここで辞めたら責任を放り出すことになる」

「後継者が育っていない」

「あと一歩で成果が出る。それまでは頑張らないと……」

一見するともっともらしく聞こえるが、実のところは「辞める決断」をしないための言い訳でしかない場合が多い。

「責任を放り出さない」という理由を掲げれば、極端な話、死ぬまで続けるしかなくなる。会社の経営を例にすると、倒産しても残務処理があるし、場合によっては再建という仕事もあるだろう。責任を取ることは大事だが、引き時にそれを持ち出すと、エンドレスになってしまう。

それから、後継者にしても、安心して任せられる人を育てようとすると、締切のない原稿書きのようなもので、ずるずると引っ張り続け、いつまでたっても終わらない。後継者は任せられた後、自然に育っていくものではないだろうか。

そういう言い訳を自分自身にしていると、だんだん引き際が見えなくなってしまう。だから、「まだまだ」と思ったときは「引き時」と考えたほうがいいのかもしれない。そう自覚したら、後は決断するだけだ。

やはり人から背中を押されて辞めるのは気持ちがよくない。後味の悪さが尾を引くことだってある。思い立ったら吉日だ。そのときに退くほうがすっきりとする。

それに、「まだまだ」と考えるくらいだから、力は十二分に残っている。その余力は新しい人生をスタートさせる上で役立つ。「初めよければ終わりよし」「終わりよければすべてよし」というが、「終わりよければ、次の始まりもよし」ということになる。

引き際がきれいになり、まわりにも迷惑をかけず、そして次の人生のスタートダッシュもできる。三方一両損ならぬ三方一両得である。

いい人にならなくてもいい。そこから「自分らしい人生」が始まる。

「いい人症候群」にかかっていませんか？

自分のペースで生きる。自分らしい人生を送る。これは理想だが、現実はなかなか難しいことは承知しているつもりだ。定年で会社を辞めたからといって、完全にフリーというわけにはいかない。妻、子供、近所の人、友人、知人、いろいろな人間関係の中で生きる以上、他人への気配り、目配りは絶対に必要だ。それでも、定年後は自由度が格段に高くなる。それを利用して徐々にマイペースをつかめばいい。

問題は、他人への視線が過度に強い場合だ。

人から好かれたいという気持ちは誰にでもある。人間は孤独では生きられない動物なのだ。また、その気持ちが「いい人間関係をつくろう」という動機付けにもなる。しかし、それが度を超すと「いい人症候群」に陥る危険性がある。

自分の意見をいわず、他の人に同調する。頼まれたら断れない。他の人と違うことが怖い。人から「いい人」と思われたいがために、自分を失ってしまう。そのために強いストレスが生じ、心が不安定になる。

他人をやたらに褒めそやしたり、過剰なほどへりくだる人は「いい人症候群」になっている可能性がある。褒められたり、立てられたりして気分の悪くなる人はいない。それは「いい人間関係」の基本である。しかし、過剰になるというのは、「自分のことをよく思ってほしい」という願望の裏返しである場合が多い。

それから、「相手のために」と思って異常な努力をするケースで、本当は「自分のためにやっている」という場合は危険だ。自分の中で無意識のうちにつくってしまった虚構が崩れると、爆発する。

何よりも問題なのは「いい人症候群」でストレスがたまることだ。自分を無理矢理に抑えつけ、まわりに神経を使い続けるのだから当たり前なのだが、ストレスをためることは肉体と精神の状態を悪化させる「悪い老化」の要因である。万人から好かれることはあり得ないのだから、いい人に思われようという気持ちを脱して、「いい人に思われなくてもかまわない」と開き直ってしまうことも、ときには必要だ。

「いい人」になるつもりがなかった二人の生き方

父の茂吉は完全主義の人だった。何事もおろそかにしないで全力投入する。ご飯も力一杯かんで食べた。中に石が入っていてもかみ砕いてから怒った。また、翌朝の朝食に出るみそ汁の具を毎晩指示し、言いつけたのとは違う具が入っていると、すさまじい勢いで怒った。

怒ったときは「駄目だ。駄目だ。駄目だ」と、最低で三回、多いときは六回、同じ言葉を怒鳴る。横で聞いていた私は「豆腐だって、アサリだって、いいじゃないか」と思うのだが、父にとってはそれが大問題だった。

そういう父といっしょにいると、誰だって疲れる。いや、本人も疲れたようだ。始終、神経症気味で、うつに近くなることもあった。ときにはかんしゃくを起こした。

あるとき、突然訪ねてきた新聞記者に対して、二階の書斎にいた父は居留守を使うようお手伝いさんに言った。お手伝いさんは「留守です」と応対したが、新聞記者がねばった。すると、二階にいた父は怒鳴った。

「留守と言ったら留守なんだ」

このくらいのかんしゃく持ちだったから、母に手をあげることもあった。母のほうはというと、叩かれて黙っている人ではない。子供がいても、派手に夫婦喧嘩をやっていた。

父と母は反対の性格だったが、母もまた厳しい人だった。記憶に残っているのは、幼い私を海水浴場に連れていってくれたときのことだ。浜辺でかき氷の屋台をみつけ、私は母にねだった。一言のもとに却下された。いつものように私はひっくり返って泣きわめいた。私達の面倒をみてくれていた松田のばあやなら、ここでかき氷を食べさせてくれる。

しかし、母は違った。何の反応もない。目を開けると、母の姿がなかった。私を置いて帰ってしまったのだ。世の中の厳しさを初めて実感したというと大げさだが、駄々をこねても通用しない人間がいることを教えられた。

こんなふうに記すと、毅然《きぜん》とした母親と思われるかもしれない。しかし、少し違う。母は子供の甘えにつきあう気などまったくなかったのである。言い換えれば、子供から好かれようなどとは考えないのだ。

子供に限らず、他の人に対してもおおむねそうだった。私の家内からワンピースを借りていって、勝手に裾《すそ》を切ってミニスカートにして平然と返したこともあった。孫のスーツケースを借りて旅に出て、壊して帰ってきたときは、「これは駄目ね」と言った。ことほどさように、自分中心の人だった。逆にいえば、いい人になろうとはしなかった。

父にしても同じである。いい人になるつもりがなかった二人は、マイペースで自分らしい人生を送った。とはいえ、あそこまで徹底してやられるとまわりが大変だから、あの半分くらいが適当のような気がする。

良寛さんの天衣無縫と気配り

私の両親の人生を詳しく説明するとなると、かなりの紙数が必要になる。そこで、良寛さんという有名な人物を通して、もう少し具体的な目安を示そう。

良寛さんは今の若い人には知られていないかもしれないが、私などの世代は「手鞠《てまり》をついて子供達と遊ぶお坊さん」というイメージが強い。父の茂吉や唐木順三氏は良寛さんの純粋さ、無邪気さに魅力を感じたようだ。それから、世俗のしがらみにとらわれない天衣無縫《てんいむほう》の魅力もあちらこちらで語られている。つまり、自分のペースで自分らしく生きた人といっていいと思う。

では、良寛さんの天衣無縫の自分らしさとは何だったのか。それは自由奔放とは異なると私は見ている。自分勝手になることをコントロールし、他人への気配りを踏まえての自分らしさだと思うのだ。

『はちすの露』に九十二カ条の戒《いまし》めが載っている。たとえば、「おしゃべり」「自慢」「酒に酔って理屈を言う」「腹を立てて理屈を言う」「よくわかってもいないことを人に教える」。これらは他人との関係を損なわないための心得だが、おそらく良寛さんは他人への気配りが自然にできるようになった上で天衣無縫の自由を得たのだろう。

私達が良寛さんのレベルになろうとしても無理だ。でも、戒めのうちのいくつかでも自分に課し、バランスを考えながら自分らしさを追求することによって、摩擦の少ない穏やかなマイペースを実現できると思うのである。

第六章　「快老人生」をスタートさせるために

更年期は人生二度目の春を迎える準備の時期である。

男女共に起こる更年期障害

思春期は身体に大きな変化が生じ、人生の春を迎える。四十代後半から五十代にかけて始まる更年期も同じだ。こちらは人生二度目の春を迎える準備の時期ということができるだろう。

ただし、更年期の場合、人によっては身体的変化が原因で苦しめられることがある。これを更年期障害と呼ぶ。昔は女性だけの問題と考えられていたが、最近は男性にも起こることがわかってきた。

クッパーマンの更年期指数表というものが女性に対してよく使われるが、これは男性にも適用できる。更年期障害の症状は、まず自律神経が乱れて情緒が不安定になる。動悸《どうき》、息切れ、めまいが出たり、節々《ふしぶし》が痛んだり、寝汗をかいたりする。不眠症になることもある。

男性は女性に比べ、症状が軽く、自覚しないで更年期を終える人も多い。女性でも障害がはっきり出るのは五〇％ぐらいといわれ、みんながみんな更年期障害になるわけではない。しかし、症状のひどい人は大変だ。苦しい時期が十年以上続く人もいる。

また、女性だけのことと考えられていた頃、更年期障害になった男性は原因不明とされ、適切な対処が受けられなかった。ある男性は四十代後半から心身の不調を感じ、理由もないのにイライラし、動悸やめまいを感じるようになり、ついには不眠症になった。病院に行っても異常がないという診断しか出ない。最近になって更年期障害という診断が出て、安心できるようになったというケースもある。

荷下ろし感と定年ショック

更年期障害に至らないまでも、四十代後半をすぎると身体的に大きく変わってくるのは確かだ。脳細胞の減少は加速し、動脈硬化も始まる。普通に暮らしていても、多少は身体にガタが来てもおかしくはない。

また、男性の場合、身体的な変化だけでなく、社会的な変化が加わって精神の安定が崩れることがある。たとえば、リストラで会社を辞めさせられたり、年齢的にはもう少し後になるけれども、定年退職によって生活が大きく変わるという場合がそうだ。それによって引き起こされたうつのために、焦燥《しょうそう》感、不安感を感じ、苦悶《くもん》状態に陥って自殺を図るという事態になる危険性がある。

うつ状態は英語で「Depression」というが、これは「沈む」「へこむ」というニュアンスを含む。定年前後はまさに精神、肉体の双方でダウンする。そこに長い間勤めてきた会社を離れ、荷下ろし感が生まれる。そして、下ろした荷の空白感が焦燥や不安につながる。そのときに何もすることのない人がうつになる確率が高い。

私は一九八六年に長く務めてきた公の仕事を二ついっぺんに退《しりぞ》いた。一つは日本精神病院協会（現・日本精神科病院協会）の会長職である。七一年に常務理事を命じられ、七四年に副会長、八〇年に会長になって、二期六年務めた。会長室から私物を運び出したとき、感慨と共に一抹の寂しさを感じた。もう一つは一九七二年から務めた早稲田大学の講師だ。もう少しやりたいと言ったが、定年だからということで退職となった。こちらも寂しさを感じた。

それでも、病院長の仕事、精神科医としての仕事、それから旅行や飛行機などの趣味があって多忙だったから、荷下ろしによる空白感に苛《さいな》まれることはなかった。ただ、この頃から「老い」というものを実感するようになったのも事実である。

うつにまで至らなくても、定年によってショックを感じる人は多い。ある人は、定年後、夜中に突然目を覚ましたり、熟睡できない日々が続いた。これは長年続けてきた出勤がなくなったせいではないかと考えた彼の妻が、「出勤ごっこ」を提案した。月曜から金曜まで、毎朝、きちんと起きて朝食をとり、スーツを着て家を出る。行くべき会社はないから、周辺を散歩したり、図書館に行ったりしてから家に戻る。スーツを脱ぎ、普段着に着替える。こういうセレモニーをしばらく続けて、定年ショックを克服した。

私は病院長を退くときに外来の診察日を一日増やしてほしいと求めたが、これは空白感を回避しようと無意識のうちに考えたのかもしれない。

更年期は熟成へのステップ

女性の更年期で大事なのは気分転換だ。仕事や趣味を持っている人はそこに没頭して紛《まぎ》らわせることができるが、そういうものがない人は特に意識して気分転換を図るといい。子育てが終わった専業主婦が家庭における目標を失い、それが夫婦の危機に至ることもある。

女性の気分転換にはいろいろな手段があるが、おしゃべり、ショッピングあたりがスタンダードなところだ。この他に旅行をしたり、夫婦で一緒にお酒を飲むというのも一案である。

男性は趣味を持つことが代表的な方法だろう。仲間とやる趣味は楽しい半面、相手の都合に合わせたり、ときには対抗心を燃やしたりということになるとストレスがたまるから、一人でできる趣味も持っておくといい。それから、適度なお酒も気分転換に役立つが、愚痴をこぼしたりせず、楽しいお酒にしないと逆効果になる。

夫婦の場合、相手のための「嘘」を活用するのも悪くない。「嘘」というと聞こえがよくないけれども、たとえば本当はそう思っていなくても夫が妻に「今日はチャーミングだ」などと言ってみるのだ。あるいは、夫の帰りが遅いとき、友達と長電話していて時間をつぶしていても「心配だから、帰るのを待っていた」と妻が夫に言って迎える。嘘も方便である。

相手の気分をよくしてあげるという気遣いをお互いにやっていれば、夫婦生活の第二期は明るくなるに違いないと思う。

思春期が成長・発展へのステップなら、更年期は熟成へのステップだ。別の言い方をすれば、人生の折り返し点である。四十年、五十年かけて形作られた人生が転換するのだから、産みの苦しみはあるけれども、これを乗り切った後は若い頃には味わえなかった世界が待っている。

定年シンドロームに陥らないために
ライフデザインはお早めに。

定年後に待ち受けるエアポケット

出版社を定年退職したAさんは、生活を切り替えるのに戸惑った一人である。Aさんは退職の直前まで本の編集に携わっていた。毎日を忙しく過ごしてきた彼が定年を実感したのは、定年退職の二、三日前、机を整理し始めてからだったという。

そのため定年第一日目には、まだ身体が会社人間のままだった。「今日からはのんびりと好きなことができる」と頭ではわかっていても、身体のほうが納得してくれない。その日の朝は、思わず出勤用の背広に袖を通してしまったそうだ。ゆっくりと朝食をとろうと思っても、ついつい急いでしまって、身体の中から「早く会社に行け」と命じられているような気がしてならなかったという。

「一週間ほど葛藤が続きましたが、あれをしよう、これをしようと具体的に思い描いているうちに、自分の心がだんだんと会社から離れていくのがわかりました」

定年ライフを楽しもうと決めこんだことで、Aさんの葛藤はどうやら治まったようだ。いまは、詩を作ったり絵を描いたりして毎日をのんびりと過ごしている。

何十年も続けてきた生活をいきなり変えるというのは、土台無理な話である。それでもAさんが短期間で生活を切り替えることができたのは、本人にやりたいことがあり、交際範囲も広かったからだろう。本人に意識はなかったようだが、定年ライフを楽しむ基礎がある程度備わっていたのだ。

しかしAさんよりももっとひどい人になると、定年退職の翌日に、無意識のうちに会社に行ってしまう人もいる。自分のしたことがおかしいと気づいても、止めることができない。こういう人は、定年後も就労中と同じ生活をしなければ気が済まなくなってしまう。毎朝決まった時間に家を出て、夕方の決まった時間にならないと帰宅しない「出勤ごっこ」を始める。いわゆる定年シンドロームである。こうなると、まさにエアポケットに陥《おちい》ったも同然。新生活も何もあったものではない。

会社を退職すれば、自由な時間は山ほどある。それならば、自分の好きなことをどんどんやればいいと思うが、長年サラリーマンをやってきた人は、束縛のない生活に慣れていない。いきなり自由な時間を与えられても、かえって困惑してしまうのだ。

特に現役時代に無趣味だった人は家でゴロゴロするしかなく、「粗大ゴミ」扱いされることになる。「ワシも行く、ワシも行く」と奥さんのあとをつけ回す「ワシ族」、あるいは一日中ベッタリと離れない「濡れ落ち葉」と化してしまう人も多い。

ハッピーリタイアメントを迎えるために

それでは、どうしたら定年後、エアポケットに陥らずにスムーズに新しい生活を始めることができるのだろう。

定年が視野に入ったら、生活のスタンスを少しずつリタイア後に移行しておくことだ。

早め早めに準備しておけば、ゆとりを持ってハッピーリタイアメント（幸せな退職）を迎えることができる。スムーズに新生活に入るために、四十代、五十代のうちから定年後のライフデザインを描いて、軟着陸できるように心と身体を慣らしておくのだ。

たとえば、三十六年間勤めたオーディオメーカーを退職したBさんは、趣味で定年ショックを乗り切った。

現役時代、一貫して人事畑を歩んできたBさんは、社員に定年後の健康、生きがいについて考えてもらう教育研修を担当したこともあったから、自分の定年後は大丈夫だろうと高をくっていたという。

ところが、五十代半ばの夏休みに何もすることがなく、ただ家でゴロゴロしている自分に気づいて愕然となった。定年まであと五年ほどというのに、自分にはすることが何もない。このままでは定年ショックに陥ることは必至である。彼はそのとき初めて、自分も会社人間だったのだと自覚した。

その翌日、Bさんは思い切って北アルプスの白馬岳《しろうま》に一人で出かけて行った。彼は学生時代、山岳部に所属していたそうだ。三十年ぶりの登山でくたくたに疲れたが、高山植物の美しさや、山並みの雄大な展望にかつてないほどの深い感動を覚え、胸が躍った。それ以来、暇を見つけては関東周辺の山々を登り始めたという。

こうして、Bさんが新しい人生の幕開けに、期待を持ちつつ定年の日を迎えたことはいうまでもない。いまも奥さんやかつての同僚と連れだって、月に二回は登山を続けているそうだ。

Bさんは、定年後の楽しみを趣味に見いだした。もちろん、その方法は人それぞれでいいのである。趣味であろうと、ライフワークであろうと、地域活動やボランティアだっていい。社会人大学に通って知識や技術を身につけるのもまたよしである。

定年後のゆとり時間は夢をかなえるためにうってつけの時間。

定年後こそ「ロマン」を追い求めたい

さて、定年後は自分で自由に使える時間が溢れている。ぜひとも、「これからは積極的に、自分がやりたいことをやろう」という気持ちを持ってほしい。

多くの人は働いているとき、「あれがやりたい」「これがやりたい」と思っても、なかなかできなかったはずだ。それが定年で、やっと心おきなくできるようになったのではないか。それこそ思いっきりできるのである。体力や思考力の低下など、若い頃のようにはいかないと嘆く必要はない。それを補って余りある時間があるのだから遠慮はいらない。とことんやってみたらいいのである。

「ロマン」などという言葉を聞くと、若者だけに許された特権のようにこそばゆく思う人がいるかもしれない。しかし、「ロマン」に年齢なんか関係ない。いやむしろ、時間に制限のない定年後だからこそ、心ゆくまで「ロマン」を追い求めることができるともいえる。

なにも大それたものでなくてもいい。たとえささやかなものであっても、本人が「ロマン」と感じるならそれでいいのだ。

楽しんでやるから意味がある

どんなことでもそうだが、「楽しんでやろう」とするのと、「仕方なくやる」のとでは大きな違いがある。どうせやるなら「楽しんでやろう」とするほうがいいに決まっている。そのほうが効率もいいし、できもいいからだ。

ある研究者によると、江戸時代の文化を象徴する錦絵の多色刷り技術は、趣味人たちが仲間をあっと言わせたい一心で考え出したものだそうだ。また、色とりどりに美しく夜空を飾る花火の技術も、町人たちの粋な遊び心から発達した。このような江戸から現代に通じるテクノロジーも、「楽しんでやろう」という気概が発達させてきたものだといえる。

ところが、近代化を進めるプロセスの中で日本人は、経済的合理性を追求するあまり、「楽しんでやろう」という遊び心を失ってしまった。技術大国として成長する過程で、「遊びにうつつを抜かすやつは駄目な人間だ」という風潮さえ定着してしまったのである。

しかし、これは大きな間違いである。「楽しんでやろう」という遊び心がないものには、面白味がない。閉塞的になってしまうのだ。そこには「ロマン」など微塵も感じられないのである。

以前、夕刊紙に「ウチの辞令・ヨソの事例」というコーナーがあった。この欄には毎回、ユニークな趣味や特技を持ったビジネスマンが三、四人登場していた。

凧《たこ》に魅せられて二十五年、海外出張の折りにも欠かさず手作り凧を持参するという人。あるいは、全日本紙飛行機選手権に出場するため、休日は早朝から紙飛行機の飛行技術に磨きをかける人。中にはどういったきっかけからか、ウシガエルを捕り始めて三十五年になるというビジネスマンもいた。なんでも捕まえるだけではなく、オリジナリティ溢れるカエル料理も考案しているという。もしかしたら、こういう人の中から美しい錦絵の技術や、まばゆい花火の技術を生み出す人が現われるのかもしれないと思った。

人呼んで「永遠のヒコウ少年」

この人たちに共通しているのは、心のどこかに少年の日の「ロマン」を持っているということではなかろうか。あまりいい表現ではないかもしれないが、幼児性を保っているともいえよう。

なにを隠そうこの私も、心に幼児性を持ち続ける人間の一人である。世間の方々は私を、「永遠のヒコウ（飛行か非行かわからぬが）少年」と呼んでくださる。いささか気が引けるので、自分では「現役ヒコウ親父」と名乗っている。そう、私は飛行機マニアなのである。

思い起こせば大正十一年、六歳のときに水上飛行機に乗ったのが馴《な》れ初《そ》めだ。その後飛行機は、私とは切っても切れないものになってしまった。

いまでも私は飛行機に乗れば、機体番号、機長名、使用滑走路番号、離陸時間、着陸時間、スポットイン時間、出された食事のメニュー、お酒の銘柄などを細大漏らさず手帳に書きつけている。これがたまらない楽しみなのだ。家内の助力も得て、集めた世界各国のフライトバッグはおよそ四〇〇個。自宅には旅客機の座席シートを八席も置き、機内食器もナイフ、フォーク、グラスなどなどたくさん揃えてある。

こんなことしても一文にもならない、などというなかれ。男のロマンなのである。一日の終わりに飛行機の本を読んで眠りにつく、この満足感がどんなに私を支えてくれることか。

とかく人は、「こんなことやって何になる」という考えにとらわれやすい。しかし、そんな考えはあっさり捨ててしまったほうがいい。趣味とかロマンというものは損得でやるものではない。楽しいから、面白いからやるものだ。

それに、所詮《しょせん》人間がいくら頑張って考えても、神様ではないのだから、本当にそれが役に立つのかどうかなど、判断することなんかできはしない。

もしかしたら、オリジナルのカエル料理が食糧危機を救う日がくるかもしれないし、私の飛行機グッズ収集が歴史的な史料になる日がくるかもしれない。

それはまた別のお話だ。とにかく、「楽しんで」やってみることが大切なのである。

肩書きをはずした素の顔で社会参加し、第二の人生を謳歌する。

「家庭人」「職業人」以外に、「社会人」としての顔を持つ

あらためて定年後の人との交流について考えてみよう。人との交流の場というと、まず第一に「家庭」があり、次に「職場」がある。現役のサラリーマンにとっては、この二つの「場」が日常生活の中で大きなウエイトを占めているといっていいだろう。

では、「家庭」と「職場」以外の「場」、つまり「社会」というステージについてはどうだろう。サラリーマンは往々にして、この第三のステージでの活躍が少ないと思われる。人づきあいにしても、会社がらみの場合であることが多

く、広がりが少ないのだ。「家庭人」でも「職業人」でもない「社会人」としての個人の交流が、ごくごく限られたものであることが多い。

私は学会や取材などで外国に行く機会が多く、研究報告の後で行なわれるパーティーなどにもずいぶん参加している。そこでは堅苦しい話など御法度《ごはつと》で、一流企業の幹部や学者、医師といった人々も、パーティーが始まるやいなや肩書きを脱ぎ去り、本業以外の文学や芸術の話題で盛り上がることが多い。そこでは誰もがジョークを飛ばし合い、おおいにリラックスした雰囲気でうち解ける。

こうしたパーティーに日本人サラリーマンが参加すると、どうも浮いた存在になってしまうことが多いようだ。変にしゃちほこばったり、逆に肩書きをかさに着てふんぞり返ったり、どうもざっくばらんな人の輪にすんなりと入っていけないようなのである。

最初は言葉の壁があるからなのかと思っていたが、最近ではどうもそうではないことに気がついた。彼らの多くは、ビジネスの場ではそつなく振る舞える人でも、仕事を離れたコミュニケーションの場ではうまく人づきあいができない。そんな姿を目にするたびに、日本人サラリーマンは、社会人としての個人の顔で人と交流することがあまり上手ではないことがわかってきた。

サラリーマンは、ともすれば自分自身の顔を失いがちである。会社や役職は所詮プロフィールでしかないのに、それが自分自身の本来の顔だと思ってしまうのかもしれない。だから、「肩書きをはずした自分」というものに不慣れなのである。それでパーティーでも、相手の立場が自分より上か下かばかりに気を遣って、うち解けて話すことができないのである。まわりの人はそんなこと全然気にしていないのに……。それは気の毒だが、とても滑稽なことである。

私はすべてのサラリーマンに「家庭人」「職業人」としての顔以外に、「社会人」としての顔、自分本来の顔をきちんと持ってもらいたい。それは、会社や役職などのプロフィールなどではなく、あなた自身の顔でなければならない。その個人の顔をもって堂々と社会に参加してほしいのだ。

もし、自分自身の顔を失っているとしたら、その肩書きがはずれたとき、あなたはどこにも存在しなくなってしまう。自分自身の顔を取り戻すということは、すべてのサラリーマンにとっての急務であるといえよう。

新しい自分を発見する

いますぐ自分自身の顔を取り戻したいとお考えになったあなたに、お勧めしたいのが社会活動への参加である。社会活動というと、「地域の生活環境や文化を守る活動」や「障害者・高齢者の手助け」「青少年活動の世話」などといったお堅い活動をイメージする人が多いかもしれない。

すでに社会活動に参加している人に活動を始めた動機を訊ねると、「地域や社会に貢献したいと思った」「自分の知識や経験を活かしたいと考えた」などという答えが返ってくることが多いのも事実だ。

しかし、こういった答えは社会活動をしたあとからついてきた答えであると思う。だからむしろ、こうした答えにとらわれる必要はまったくないと私は思っている。社会活動とは、「個人の顔で社会とつながること」と、広義にとらえてもいいと思うからだ。そう考えれば、社会活動はもっと身近なものになる。

たとえば、町内会の会合や地域のボランティア活動、子どもが通っている学校のPTAなども立派な社会活動のステージである。こういう地域社会とのつながりを女房だけに任せておくのは実にもったいない。積極的に参加することで、社会人としての自分の顔を取り戻すことができるはずだ。

どんな形であれ、社会活動に参加することで人間の輪はどんどん広がっていくものだ。しかも、自分個人の顔を持つと、ものの見方や人との接し方も、肩書きを背負っていたサラリーマン時代とは違ってくる。視野が広がり、それによって自分自身もずいぶん活性化される。実際、社会活動に関わっている中高年に接すると、新しい何かを発見したという人が少なくない。

社会の中で役に立つことができる自分、必要とされている自分を感じることが、自分自身を支える強固な自信となり得るのだ。社会参加がもたらす波及効果というのは想像以上に大きい。

仕事以外に生きがいがない、肩書きをはずしたら自分自身の顔がないと悩む人は、身近な地域社会に参加することで、自分自身を取り戻すこともできる。社会参加によって第二の人生を謳歌している人も多いことを知ってもらいたい。

「無病息災」よりも「数病息災」のほうがいい。

私の老いのカルテ

私はここ数年、「死への道程のカルテ」をつくっている。私だって、正直にいえば老いていくのは怖いし嫌だ。しかし、老いも死も誰しも避けられないものである。だったら、それをしっかりと見つめてやろうと思ったのだ。

実際に、自分がどうやって老いていくのか、状況をノートにつけ始めたら、これが面白くてしょうがない。大げさにいえば、これは人生のフィナーレへ向けてのカルテである。

今日はどこがどう痛くて、どんな薬を飲んで、どんな貼り薬を貼ったか。その経過はどうか。毎日、日記につけるだけでカルテになる。こうして書き込んでいくと、不思議と気持ちがラクになる。それにこれは、人間がどういうふうに衰えていくかという記録にもなるから、貴重な資料である。

「一病息災」という言葉がある。元気で病気知らずの人は、自分の身体を過信して、つい無理をして寿命を縮めてしまう。しかし、一度でも大病を患《わずら》ったり、持病に悩んでいる人は、身体を大切にしてあまり無理をしないようにする。だから、長生きができるのだ。

ロシアの文豪トルストイも、「生まれてから一度も病気にかかったことがないような男を友人にするな」と言っている。そんな人間は、相手のことを思いやる気持ちが持てないからだろう。

老いの身体と仲良くつき合う

先日、私の診察室に九十歳を超えるご婦人がやってきて、「先生、最近は膝や腰が痛いし、耳も少し遠くなってきてしまいました。それに老眼も進んで、もういったいどうしたらいいんでしょう」とおっしゃる。その患者さんは背筋もピンと伸びていらして、身だしなみにも気を配られているふう。それより何より、電車を乗り継いでお一人で病院までいらした。年齢のことを考えれば、十分お元気なのである。

この患者さんは、どうやら若い頃から完璧主義で、ご自分の健康にも大変気を遣ってきたらしい。九十歳を超えるまで大病の経験もない。しかしだからこそ、老化現象はたまらなく苦痛で、ともすれば病気ではないかと心配になってしまうらしいのだ。

私は彼女に、自分の身体の状態を話してあげた。そして、年をとれば誰でも老化現象が起きて当たり前、何でも完璧にできなくなって当たり前なんですよということを、それとなく話の中に盛り込んだ。

常に一〇〇%を求めなければ気が済まないから、不安になってしまう。私はいつも人生八〇%主義を提唱しているが、ある程度の年齢までいったら、そのハードルはもっと下げていいと思っている。六〇%だっていいじゃないか。

身体についても同じである。「無病息災」とはよく言われるが、高齢者になったら、「数病息災」でいいのだ。

私自身のカルテの頁をもう少しめくってみよう。前立腺肥大で入院、手術を受けたのはもう十年以上も前のことである。これは男性に特有の老化現象でオシッコが出にくくなる。よく駅のトイレなどで、こちらが急いでいるときに限っていつまでもオシッコが終わらない人がいるが、そんなとき私は「おっ、この人は後輩だな」とニヤリとする。先へ進もう。

この前立腺肥大の手術のほかに、アレルギー症でも入院歴がある。ここのところ耳も少し遠くなってきて、人様の言うことは六〜七割くらいしか聞こえない。そのほかは、これといって悪いところはないが、肩、膝、かかとの痛みはもう長年の友達である。ストレスから不整脈になることもあるし、グルメを自認しているから、痛風は常に一歩手前の状態。カニやエビ、生ものを食べ過ぎるとアレルギーがぶり返す。そうそう、前立腺肥大も再発待機中といえる。

しかし、これだけの病気を抱えているからこそ、食事に留意し、これ以上進行しないように気をつけていられるのだ。
皆さん、安心しましたか。「数病息災」は、いまもっとも私が好きな言葉なのである。

第七章　楽しく美しく生きる大人の知恵

迷ったときは面白そうなほうを選ぶと、思いがけない楽しみに出会うことがある。

世の中のごくごくシンプルな法則

世の中には、面白いことばかりではなく、つまらないこともある。面白いこと、つまらないこと、どうでもいいこと、面倒なこと、やりたくないこと等々、ありとあらゆる物事がごっちゃになっている。その中で私達は日々暮らしていると思う。

面白いことばかりであれば楽だけれど、だからといって、世の中を整理して面白いものだけにする、というのはできない相談だ。たとえば、私にとって面白いことがあなたにとって面白いとは限らない。「私が面白いこと」に従って世の中の物事を整理すると、「あなたが面白いこと」がのけられてしまうかもしれない。迷惑な話である。それに、いまは面白くなくても、十年後に面白くなるものだってある。それを現時点の感覚でなくしてしまったらあとあと大変だ。

そんなことをあれこれ考えていくと、結局、自分の外側にある世の中を変えるより、自分の内側を変えて面白くするほうが安心確実である。しかも、やるべきことはそれほど難しくないから近道でもある。

では、何をどうするのか。「面白く見ようとしたり、面白く考えようとすればいい」のだ。つまらなく見たり、考えたりすれば、どんなことでもつまらなくなるから、少なくともこういう見方、考え方は抑制する。これだけでずいぶんと変わってくる。

当たり前の話といってしまえばそれまでだが、世の中には複雑そうにみえて、ごくごくシンプルな法則というものが存在するのである。

私は「引っ越しうつ病」、家内は「引っ越し心身症」

先年、私は住み慣れた新宿区大京町から府中市浅間《せんげん》町へ引っ越した。これは私の発案ではない。私と四人の子供達が隣り合って住むというアイデアを長男が言い出し、私は当初、難色を示した。この年になって引っ越しするのはおっくうだったたからだ。

何といっても大量の書籍がある。そこに加えて、父・斎藤茂吉に関する書簡などの資料・文献もある。いずれも他人の手にまるまる任せることはできない。ということは、私と家内が責任を持ってやらなければならない。とてもじゃないが、そんな面倒な仕事はご免こうむりたい、というのが正直な気持ちだった。

しかし、一方で、「三世代、五世帯、十五人が集まって生活する場ができることは面白いのではないか」という気持ちも生じた。私は長年「核家族は諸悪の根元。解消すべきだ」と主張してきた。「実際にやってみることで、気がつかなかった問題に出会うのではないか」「考えてもみなかったメリットが発見できるかもしれない」と思うと、好奇心と探求心が大いに刺激された。「面倒くさいからやりたくない」という思いと「面白そうだからやってみたい」という思い、その二つの間で心が揺れた。迷いに迷った結果、「よし、大家族集合生活のノウハウを引き出してやろう」と決心し、引っ越しに同意した。

もっとも、面白そうなほうを選択したからといって引っ越しの作業が少なくなったりはしないし、大変さが軽減するわけでもない。仕事のかたわらに手がけるので、引っ越し作業ははかどらず、大京町の自宅を取り壊す日がどんどん迫ってきた。予定日を守れそうもない。

こういうふうに精神的に追い詰められたときの逃げ場になるのが「病気」である。無意識のうちに、疾病《しっぺい》への逃避が行われるというメカニズムが働くのだ。私はうつになり、家内は首が痛くて伸ばせなくなった。私は「引っ越しうつ病」、家内は「引っ越し心身症」というのが、私の下した診断名である。

幸い、どちらも深刻化せずに解消した。引っ越しを決める前から約束していたウィーンでの講演のために、家内と二人で日本を離れ、ベネチアによって帰国したが、この旅行中に先の症状はなくなったのだ。旅をすることで「引っ越し」という現実から逃避できたせいである。

そうこうしているうちに、とにもかくにも大京町の家を引き払い、浅間町の家ができるまで賃貸マンションで仮住まいをした。この世に生を受けてから、これが初めてのマンション生活だ。

部屋は十三階、羽田空港の離発着機のヘッドライトがよく見えた。飛行機マニアとしては大満足である。また、晴れた日は東京湾や房総半島が眺められた。これは飛行機マニアでなくとも満足である。

マンションでは地下のゴミ捨て場までゴミを置きに行くのが私の仕事になった。そこで某大学の名誉教授と顔を合わせ、「ご苦労さまです」と挨拶をかわしたり、向かいの部屋にお住まいになっていた有名な女性実業家と知り合うなど、いろいろな方との交流ができた。

こうして一年三カ月ほど、いろいろな体験をすることができ、新築の自宅に移った。実際に五世帯が集まって住んでみると、自然と大家族集合生活の憲法ができあがっていった。第一条は「他人の生活に足を踏み込まず」、第二条は「他人をアテにするべからず」、第三条は「どこへ行くの？　は大きなお世話」である。そういう大きな柱とは別に、日常生活の細かい取り決めもできた。たとえば、私と家内は家を空けることがしばしばあるが、不在中に宅配便で生《なま》ものが届いたとき、最初に受け取った者が適宜《てきぎ》処理していいというようなことだ。

振り返ってみると、大家族集合生活を実践した成果はあった。それどころか、初めは予想していなかった体験もできた。面白そうなほうを選んでよかったとつくづく思う。

過ぎ去ったことを悔やむのは不幸への近道である。

過去を悔やむのは、現在の不満の裏返し

人生は三つの要素から成り立つ。過去、現在、未来だ。それぞれに大事なものではあるが、過剰にとらわれてしまったら自分自身を苦しめる。

特に過ぎ去ったこと、終わってしまったことにこだわらないのは、老若男女を問わず、心の健康にとって大切である。いまとなってはどうにも対処できないことを気にしても始まらない。タイムマシーンで昔に戻り、やり直すことなどできないのだから。

昔の人は「覆水盆《ふくすいぼん》に返らず」といったが、こぼしてしまった水は元に戻らな

い。「あのときにもっと注意しておけば、水をこぼさずに済んだ」と嘆いても仕方がない。失敗の教訓は学ぶにしても、いつまでもくよくよせずに、頭を切り換えるほうがいい。

どうにもならないことを思い悩むと、解決策がまったくないため、どうしたって袋小路に入り込んでしまう。その結果、うつになることだってあり得る。

不眠の悩みを訴える女性が私のクリニックに訪ねてきたことがあった。彼女の話を聞いていると、過去につきあった男性のことを思い出すという。さらに彼女の話を聞くと、夫に対して不満を持ち、離婚を考えていることがわかった。しかし、子供がいて彼女は離婚に踏み切れない。その悩みが募《つの》って不眠を引き起こし、ノイローゼ気味になった。そういう状況のなかで、昔つきあった男性のことが思い出されている。言葉には出さなかったが、「あのとき、あの人と結婚していたら」という思いが湧いていたのではないかと思う。過去を悔やむのは現在持っている不満の裏返しであることも多い。

母が戦後の苦労に飲み込まれなかった理由

過去にとらわれないという点で、私の母・斎藤輝子は達人の域に達していたといえる。もっとも、それは訓練してできたことというより、先天的な才能であったと思われるが。

一九四五年の東京大空襲で、家と病院が全焼し、多くの家財道具が焼けてしまった。病院の婦長だった人が、母に向かって「着物が焼けてしまって」と残念がった。すると、母は「さばさばしたわ」と答えたそうだ。なくなったものはしょうがない、というどころか、気持ちがいいとさえ思える人だった。

いや、物だけでなく、思い出にもこだわらなかった。

一九八二年、母と共に私達夫婦はパリを訪れた。この年は父・茂吉の生誕百年だったので、パリのリヨン駅近くにある小さなホテルに足を運んだ。かつて母は留学中の夫を訪ね、一人でヨーロッパまで旅をしたが、二人が再会したのがくだんのホテルだった。昔と変わりない二階建てのホテルに着いたとき、私達夫婦は当時のことを想像して興奮した。ところが、母はまったく関心をみせなかった。何と車から降りてさえこなかったのである。

亡くなる直前にはメキシコへ旅行したいと言っていたが、常に「現在から未来へ」という方向に視野が広がっていた。過去にこだわらずに精神的な解放感を維持した典型的な人だったと思う。

だから、戦後の困窮した時代でもたくましく生きることができたのだろう。子供時代は何不自由ない生活を送り、大人になってからは「今日は帝劇、明日は三越」という華やかな毎日を送っていたのが、戦争が終わると境遇は一転した。ボロ屋に住み、食べるものも満足にない生活になった。母の友人のなかには、自殺した華族の方もいる。

しかし、母は困窮生活にくじけなかった。新聞で茶殻《ちゃがら》にも栄養があると知ると、それを干して乾かし、ふりかけにして私達子供に食べさせた。カルシウムが大事だと知ると、卵の殻を砕いて、これまた私達に食べさせた。

「戦前はよかった」と失われてしまった日々を振り返って嘆いた姿を見たこと

がない。過去を振り返らない姿勢こそ、苦労知らずの母が苦労に飲み込まれずに済んだ最大の理由だったと思う。

何にせよ、くよくよしても始まらない。「過ぎてかえらぬ不幸を悔やむのは、さらに不幸を招く近道だ」とは、シェークスピアの言葉である。

辛いとき、苦しいときに頑張るべきは「笑うこと」である。

頑張ってもいいが、頑張りすぎはいけない

「何をやってもうまくいくとき」と「何をやっても駄目なとき」がある。

何をやってもうまくいくときは好循環のサイクルに入っている。成功が続くのは快感だ。自然とやる気も元気も出てくるし、考え方も行動も積極的になる。その結果、また成功を生み出す。すると、前向きな気持ちと活力につながっていく……。これが好循環のサイクルである。

一方、何をやっても駄目なときは、悪循環のサイクルに入っている。うまくいかないことが続けば、心が萎縮し、やる気も元気も出てこない。頑張ろうと

しても、穴の空いた風船のように、どこか力が抜けてしまう。一生懸命にやっているつもりでも、実は力が十分に発揮できていない。だから、結果が出ない。すると、ますます消極的になり、エネルギーも小さくなっていく……。

好循環と悪循環は正反対のサイクルだが、入り口のところではあまり差がない。たとえていえば、Y字路のようなものだ。二股《ふたまた》に分かれている道の一つが好循環、もう一つは悪循環で、進めば進むほど離れていく。それだけに初期の段階では気づきにくい。気がついたときはすっかり好循環の波に乗っかっているか、どっぷり悪循環の穴に陥っていることが多い。

もっとも、何をやってもうまくいくときはそれを十分に楽しめばいい。それが好循環の波を長続きさせるコツである。問題は何をやってもうまくいかないとき、つまり悪循環のサイクルに入ってしまった場合だ。どうしたら悪循環から抜け出せるのか。

基本となるのは、無理をしないことである。気長に構え、性急な対応はつつしむ。焦りは悪循環を加速させる要因になる。だから、頑張ってもいいが、頑張りすぎてはいけない。それから、深刻に悩むのも危ない。「頑張る↓結果が出ない↓深刻に悩む」というサイクルが繰り返されると、うつや心身症になりやすくなる。

現実とは異質の時間を過ごす

また、何をやってもうまくいかないときはどうしたって余裕がなくなるものだ。そこを逆に考えると、心にゆとりを持つことが悪循環に陥ったときには大切ということになる。

一つのやり方として、どんなに小さなことでもいいから、うまくいかないこととは別のことをやって、気持ちを切り替えるという方法がある。女性なら「今日は化粧ののりがいい」ということだって気分を変えてくれる。こういう気分転換を上手にやることで、失われがちなゆとりを湧き起こすわけだ。

男性で日々化粧をする人はいないだろうから、女性のような手は使えないが、要するに、うまくいかないこと以外の何かをやればいい。たとえば、仕事がうまくいかないときに趣味を楽しむのは一つの方法だ。そのことは、父の茂吉を見ていてつくづく思う。

茂吉がつけていた日記で、大正十四年十二月三十一日の項には「今年ハ実ニ悲シイ年デアツタ。苦艱ノ年デアツタ」と書いてある。前年の年末、病院が全焼し、ヨーロッパ留学から帰る途中で茂吉はそのことを知った。帰国してからは病院再建のために奔走した。それが大正十四年という年だった。金策に走り回り、病院建設の反対運動にも直面した。この頃から夜眠れなくなり、神経衰弱になったという記述が日記に出てくる。

茂吉は真面目な完全主義者だっただけに、当時の状況ではうつになっても不思議ではなかった。ところが、神経衰弱ぐらいで済んだ。それは「文学」のおかげだったと私は見ている。『アララギ』の歌稿を選んだり、随筆や散文を執筆することで、うまくいかない現実とは異質の時間を過ごすことができた。それがよかったのだろう。

仕事がうまくいかないと、趣味に費やす時間などないと思いがちだ。真面目な人ほどそうである。しかし、そういう人であればなおさらのこと、趣味の時間を確保することをお勧めする。ただし、ギャンブルにのめり込んだり、大酒を飲んで体調を崩したりするのは逆効果になるから止《や》めたほうがいい。

「笑い」には精神を緩和する力がある

もう一つ、私が有効だと考えているのは「笑う」ということである。

「人間は悲しいから泣くのではなく、泣くから悲しい」

これはアメリカの心理学者が立てた学説だ。私は、悲しいから泣くのではないとまでは思わないが、泣いていると悲しくなるという点は肯定する。人間の心と身体は双方向に影響しあうという意味で、これは真実の一面を語っていると思う。

そこで、「笑う」という行為が心に及ぼす影響を利用しよう。調子がよくてゆとりがあるときは、自然と笑みが浮かんでくる。これを逆手に取り、笑うことで心にゆとりを取り戻すという発想である。

精神医学的にいうと、「笑い」は精神の緩和《かんわ》作用を持っている。ベータエンドルフィンという脳内物質が分泌《ぶんぴつ》されるからだ。この効果で気持ちがよくなり、リラックスできる。一方、緊張状態はノルアドレナリンという物質が出てきて脳に蓋《ふた》をするような感じになる。

たとえば、夫婦喧嘩をして、お互いに口をきかずにそっぽを向いているとしよう。そのとき、どちらかがおならをして、両人とも笑い出した。すると、それまでのとげとげした雰囲気がなくなった。こういうことはよくある。ノルアドレナリンが大量に出ていた脳の強い緊張状態が、笑うことでベータエンドルフィンが出てきて、緩《ゆる》んでしまうからだ。

何をやってもうまくいかない泥沼状態では、イライラが募《つの》り、ストレスが異常に高まる。そして、ものすごい緊張が精神を支配する。これを抑えるには「笑い」が最も効くクスリである。辛いとき、困ったとき、苦しいときには笑うことを忘れやすいが、そういうときこそ、頑張るべきは「笑うこと」である。

「旅の恥のかきすて」はいただけないが、「ストレスの書き捨て」はかまいません。

人間関係がストレスの最大の発生源

人間だけでなく、動物にもストレスはある。室内に置かれたペットの犬が十分な運動ができず、異常な行動を取るケースはよく見られる。また、オーストラリアではコアラが観光客にダッコされてストレスが高まることを理由にダッコ禁止を決めた州があるし、サファリ観光の対象となっている野生動物にストレスの影響が出ているという人もいる。さらには、植物にもストレスがあるという説が唱えられている。

他の動物達はさておき、人間のストレスに関していえば、主に社会の中で生きるために発生すると考えていい。簡単にいってしまえば、人間関係がストレス最大の発生源である。

ストレスを引き起こす原因を「ストレッサー」という。ストレッサーに遭遇すると、どういう変化が起こるのか。まず、身体が自然に防衛反応を示す。そして、初期の段階は「気分がすぐれない」「頭が重い感じがする」「肩が凝《こ》る」「体がだるい」「食欲減退」「不眠」といった症状が出る。それらは直接的には疲労によるものだったり、加齢による身体的変化（更年期障害など）だったりするが、たいがいはストレスが関係している。

ストレッサーが解消せず、いつまでも続くようだと、身体が耐えきれず、より深刻な症状に発展する。ストレスで胃潰瘍《かいよう》になったという話を耳にしたことがあると思うが、その他に高血圧、狭心症、心筋梗塞を誘発する場合があるし、うつや神経症、心身症といった精神に関する症状もストレスとむすびつきがある。

最近の研究ではストレスによって免疫力が低下すると指摘する説も出ている

が、老いを迎えた者にとって深刻な問題は、ストレスが老化を進行させる要因であることだ。

ストレスが諸悪の根元のようにいわれるのは、このように現代人を悩ます病などと何らかの関係を有しているからだ。ただし、ストレスがまったくなければいいかというと、そうではない。ストレス研究の大家セリエは、ストレスがないと人間は駄目になるといっている。また、適度なストレスが人間を強くするともいっている。

上手にストレスとつきあう方法

とはいえ、一昔前と比べ、過重なストレスを受けやすい社会になっているから、適度といっても容易ではない。最近の傾向として、ＩＴと称されるパソコン、インターネットに関係するストレッサーが増えている。

これはなかなかに厄介なものらしい。イギリスでの調査だが、新聞が伝えるところによると、職場のパソコンがうまく動かなかったり、そのせいで怒鳴られたりして、上司や同僚、それにパソコンを殴りたくなったという人が五三％、本当にパソコンを叩いた人は八％もいたという。大昔のテレビなら叩いて調子がよくなったこともあるが、パソコンはかえって逆効果だろう。それがわかっていてもやってしまうほどストレスが大きいのかもしれない。

私はパソコンどころかワープロも使えないので、そのあたりは実感としてよくわからないが、なんでも、パソコンでつくっていた文書を誤って消してしまい（こういうことは単純な操作ミスで起こるらしい）、強いショックを受けたという話も聞く。締切間際になって、これまで書いてきた原稿用紙にして一〇〇枚、二〇〇枚の原稿が瞬時に消えてなくなったらどうかというたとえを挙げられて、「それは大変だ」と想像できたが。

いずれにしても、適度なストレスというものが普通に存在する世の中ではないから、上手にストレスとつきあうことが肝心になってくる。

私はいくつかの団体で会長職を務めたが、運営方針に関して嫌な意見を聞くこともあった。なかには嫌み、誹謗《ひぼう》中傷まがいのことを言う人もいた。一度くらいならまだしも、繰り返しそういう発言に遭《あ》うと、こちらも嫌な気分になる。それでも、「教えていただいた」と思うことにした。嫌がらせのようなことに対してストレスをためるのはつまらない。

身近な例でいえば、夫婦喧嘩をしたときなどは腹が立つ。これも一つのストレスである。それでも、「まあ、今回は言わせたいように言わせておくか」と思えば、ストレスをいなせるかもしれない。あるいは、いっそ楽しんでしまう気持ちになると、嫌なことを言われてもプラス・マイナス・ゼロといった心境になれるだろう。

昔のことだが、私は家内や娘の長電話に不快な思いを抱いていた。しかし、長電話の研究を始めることで、逆に楽しむようになった。話している内容と時間の関係を調べたり、「さようなら」と言ってからどれぐらいしゃべり続けるかを計って平均時間を出したり、と、研究テーマはいろいろとあった。

しかし敵もさる者、電話機のそばにメモ用紙とストップウォッチを置くようになった。私に研究させて文句を言われないなら、安心して長電話できるということらしい。あっぱれな女達、というべきか。

悪口雑言を殴り書きすると、気持ちがすっきりする

ストレスと上手につきあうなら、ストレス解消の方法を持つことも大事だ。私はストレスとつきあうためにメモを取ることがある。旅の恥はかきすてというが、怒り、恨みを書き捨てているのだ。

母は父と対照的で、メモなどほとんど取らなかった。あれだけ世界中を旅して歩きながら旅行記を一つも書いていない。旅の記録というと、小さな手帳に「何時何分、どこを発つ」というぐらいしか記されていなかった。

私は父の真面目さを受け継いでいるだけに、よくいえば自由奔放だった母とつきあっていくのは苦労した。無理難題を押しつけられて頭に血が上ることもあった。そういうときに、怒りの気持ちを走り書きするという習慣ができた。脳裏に湧き上がってくる悪口雑言をそのまま殴り書く。すると、書いているうちに気持ちがすっきりしてくる。怒りがストレスにならないのだ。

そうしてストレスをためず、書いたものを人に見せるわけではないから、人間関係も損なわずに済む。一石二鳥である。

母が死ぬまでに、怒りの悪口雑言メモは段ボール二つ分になった。私は収集癖があるので、メモはなかなか捨てられない（それが文章を書くときの参考になるかもしれないという計算も働いているからでもあるが）。そうでなければ、書いたらゴミ箱にぽいっと投げ込んでしまうといい。残しておいたメモを読み直して、改めて怒りが湧いてくるようではつまらない。

ストレスの元は書き捨てる。これも一つの方法だ。

「最後の言葉」を格好よく言って死にたい。

死を意識することは、生を意識すること

人間はいつか死を迎える。世の中に一〇〇%正しいということはほとんどないが、これは確実に正しい。しかし、人は自分が死ぬことをあまり考えない。特に若い頃はそうだ。

戦争中、新婚間もない私は召集された。家内と別れるとき、これが永遠の別れになるのかとも思ったが、だからといって死を強く意識したわけではなかった。戦地に行っても、目の前にある仕事をこなすのに忙しく、死や死の恐怖をあまり感じていなかった。移動の折、燃料や弾薬類を積んだ貨物列車に乗せて

もらったことがあった。今になって考えると、脱線・転覆という事態になれば大爆発を引き起こし、私は跡形《あとかた》もなく吹っ飛んだだろう。敵襲を受けて被弾しても同じだ。ところが、そのときは「ああ、これで歩かなくて済んだ」という喜びでいっぱいだった。

大病をしたり、大怪我をしない限り、死を思うことはない。実は明日死ぬかもしれないが、感覚として死は身近にない。それが普通だろう。でも、年をとると、死ぬという当たり前のことが次第に身近になってくる。

死を意識することは、生を意識することでもある。限られた時間の中でいかによく生きるか。そういうことを真剣に考え、生きる意欲が湧く。いわば高質の生、濃密な生が手に入るのである。

その一方で、死ぬための準備も怠りなくやっておきたいと私は思っている。まず、私は残される人に迷惑のかからないように死にたい。最も困るのは何かと考えると、おそらく突然死だろう。何の準備もなく急に死なれたら、その対応を含め、みんな大変になる。そこで、学校で避難訓練をやり、地震や火事のときにあわてずに行動できる準備をしているように、私が死んでいなくなる予行演習をやっておけば、後々役に立つはずだ。この「死への予行演習」の機会が偶然めぐってきたのは、一九九六年だった。

この年の三月から六月にかけて、郵船クルーズが豪華客船「飛鳥《あすか》」を使った世界一周航海に挑戦し、船上講師として乗らないかというお誘いをうけた。船で世界一周できるなどとは想像もしていなかったから、少し戸惑ったが、好奇心がむくむくと頭を持ち上げ、二つ返事で承知した。世界周航旅行が好奇心の対象だったのはもちろんだが、もう一つ、これを「死への予行演習」に使おうと思いついた。

当時、連載していた『日本経済新聞』の「私の履歴書」の最終回で、そのことを書いた。「飛鳥」に乗って三カ月不在になる。この間、私がいない状態で病院も家族も過ごす。この経験が私が死んだときに生きるのではないか。ということで、私達夫婦は旅立った。これに関して残念なのは、この予行演習がどれほど役に立つか、私が死んでみないとわからないところである。

家族には感謝の思いを伝えたい

私が特に意識しているのは「最後の言葉」である。自己顕示欲が強いので、格好いい言葉を残して死んでいきたいと思っている。「明日の朝はお茶漬けがいい」と言ってベッドに入り、そのまま死んだら、斎藤茂太の最後の言葉は「朝食はお茶漬けがいい」となってしまう。そういう事態は何が何でも避けたい。

そのためにはある程度準備が必要だから、格好よくて、ユーモアを含んでいる言葉を少しずつ考え始めた。死ぬときに言い残す言葉は古今東西いろいろとあるし、日本では辞世の句を詠むという習慣がかってはあったので、何か参考になるものはないかと思って見ている。

今のところ、気に入っているのは、日露戦争の日本海海戦で連合艦隊の参謀を務めた秋山真之《さねゆき》（司馬遼太郎さんの『坂の上の雲』で主人公の一人になっている）の「みなさんたいへんお世話になりました。ここから先は一人で行けますから」だ。

私も「先に行きます」という感じがいいと思っている。ただ、死ぬ間際は意識がもうろうとしているはずだ。はたして予定したように言えるかどうか心《こころ》許《もと》ない。間違って「先に行って待ってます」と言ってしまったらどうしようと心配になる。死ぬ間際の人から「あの世で待ってます」と言われたら、気持ちのいいものではない。

それから、やはり家族には感謝の思いを伝えたいと思う。特に苦労をかけてきた家内には「ありがとう」の一言は言いたい。ただ、家内に「どういたしまして」と軽く反応されるとしゃくだから、何か別の言葉はないかと検討中である。

突然の死や言い間違いのリスクを避ける方法として、遺言書を書くという手がある。遺言書というと、遺産の分配のためのものと思うかもしれないが、家族や友人などに贈る最後の言葉を記すことも大事な役割である。

ただし、あまりいろいろと指示を書く必要はない。死んだ後のことは残された人達が何とかやっていくものだ。私自身、父が死んでも何とかやってきた。子供達もきっとそうだろう。遺言書も、死んだ後のことをあれこれ指図するのではなく、最後の言葉を記しておけば十分である。

こんなふうに言うと、私がとっくに遺言状を書き終えたように思われるかもしれないが、実はまだ遺言状を準備できていない。書く暇がないというと、自己弁護になる。正直なところ、書く気になれないという面もある。心のどこかで「自分が死ぬ」ということから逃げようとする意識が働いているらしい。

家内から「遺言書を書いておいてください」と言われたら、手をつける可能性は大だが、まだ、そういうきっかけがない。というと、これまた言い訳になるか。

いろいろな考え方があるが、やはり気になる「最期の迎え方」。

一カ月の延命より一日の夢を選んだ男

オーストラリアの人びととうまくつき合う方法の一つは、フォークソング「マチルダ」を歌うことだ。その「マチルダ」のメロディにわれわれが親しんだのはたぶん、映画『渚にて』ではなかったかと思う。ご承知のようにこの映画は、北半球に勃発した核戦争の放射能が徐々に南下してオーストラリアに近づいて来たときの、避けられない死を予期した人びとのもろもろの行動を描いたものだった。

主役の一人フレッド・アステアが、スポーツカーを運転して断崖上の海岸道路を突っ走ったあげく、閉めきったガレージの中で排気ガス自殺をする。オーストラリアで聞いたところによると、あの場面はシドニー郊外の海岸線で撮ったものだそうだ。

マウイ島はハワイ諸島でハワイ島に次ぐ第二番目に大きい島（オアフ島は第三位）だ。亀が左に向かって泳いでいるような格好をしている。そのシッポのところにハナという町がある。この町はかの大西洋無着陸単独横断（一九二七年）のリンドバーグの別荘と墓があることでも有名である。彼は一九七四年八月二十六日、その別荘で死んだ。リンパ腺悪性腫瘍、つまりガンであった。七十二歳。

彼の最期を看取った友人のドクター・ハウエルは「リンドバーグはマウイが大好きだったのです。ニューヨークで一カ月生き永らえるより、たった一日でいいからマウイで過ごしたかったと言っていました」と語っている。

ニューヨークで臨終の近いことを知ったローン・イーグル（孤独の鷲。リンドバーグの別称）は、かつて大西洋を渡ろうと決意したときと同じ細心の注意をもって死出の旅の計画をたてたのだ。そして彼が担架に乗せられて、ニューヨークからホノルル行きの定期便の機上の人となったのは死のわずか八日前だった。ホノルルからは小型機でハナへ飛んだ。

彼の葬儀に列したのはアン夫人、三人の息子のうちの一人ランドと、近くに住む数人の友人たちだけだった。彼の別荘には電話も電気もひいていなかった。彼の遺体は希望によって、カーキ色の作業シャツと黒い木綿の作業ズボンに包まれていた。

もう一人、リンドバーグとは別の意味でのヒコーキ野郎、ナゾの大富豪ハワード・ヒューズは一九七六年四月五日、メキシコの保養地アカプルコからテキサスのヒューストンに向けて飛行中のチャーターしたジェット旅客機の中で波瀾の生涯を終えた。両者とも死と飛行機が密着していることに何か因縁めいたものを感じる。

どんな最期が望ましいか

私が母に連れられて初めて空を飛んだのは昭和五年、立川飛行場から大阪への飛行だった。羽田ができたのは翌昭和六年であるから、それまでは立川が東京飛行場であった。昭和四年にいわば日航の前身である日本航空輸送という会社ができ、オランダのフォッカー社のスーパー・ユニバーサルという新鋭旅客機（日本が買ったのはライセンス生産したアメリカ製だったが）を就航させた。従来の木製プロペラに代わってピカピカの金属製プロペラがいかにもモダンであった。

先年、そのなつかしのスーパー・ユニバーサルにアムステルダムのスキポール空港の航空博物館で対面したが、私もついの命を終わると決まったら、館長に頼んでそやつの藤椅子（お尻が痛かった）に腰掛けてみたい。

私を初めて空に連れて行った母は昭和五十九年に他界したが、生前私の遺灰を飛行機で空から撒《ま》いてほしいと言っていた。が、法的なこともありついに実現しなかった。インドのガンジー首相の遺灰は飛行機からヒマラヤ山中に撒かれ、「エイズの聖者」といわれた俳優ロック・ハドソンの灰は一九八五年、孤独の死を遂げたあと遺言によってロサンゼルス沖合いのサンタ・カタリーナ島に撒かれた。母はガンジーやハドソンをうらやんでいるに違いない。だが私はおそらく母の真似はしないであろう。

私は誰が何といおうと大事な大事な斎藤家の「大」長男であるから、きちんと斎藤家の墓におさまりたい。

私と違ってわがままいっぱいに生きた母の口グセは「もうじき死にますから」であった。私はこのひと言に、母が父の死後、猛然と旅行を始めてから三十年の長い間、痛めつけられてきた。「もうじき死ぬから、今のうちに出かけなくちゃ」と母は私どもを脅迫しつづけて百回余の海外の旅を強行したのである。

父が死んだあと母は「私の入る墓をつくりなさい」と私に命じた。父の墓には父が生前書いた「茂吉の墓」という四文字を彫ったので、他人が入るわけにはいかないからである。しかし、母の命令でつくった墓に実際に母が入るまでに、実に三十年もかかったのである。

人間はみんなエゴイスト。大切なのはエゴイズムをコントロールすること。

生きる力とエゴイズム

人間は誰しも何かしらの魅力を持っている。若い頃も老いてからも、このことに変わりはない。問題はそれをどう輝かせるかだ。いや、輝かせることもそんなに難しいことはない。汚く輝くことも含めれば、の話だが。

汚く輝くというのはどういうことかというと、エゴイズムがストレートに出てくるときだ。どんな魅力も長所も、エゴイズムの色に染まるといっぺんに汚れてしまうのだ。「ならば、エゴイズムをなくすことが必要だ」と思うかもしれない。しかし、ことはそう簡単ではない。エゴイズムは人間を含めて生物が生きる上で根本的な力であるからだ。

ライオンのオスはメスと結ばれるとき、そのメスに他のオスとの間に生まれた子供がいると、その子ライオン達を皆殺しにする。自分の子孫を残すための行為だと考えられている。メスのほうも平然と自分の産んだ子供が殺されるのを見ている。新しいオスとの間に子供ができればいいのだから。すさまじいほどのエゴイズムだ。

これと同質のものが人間にもある。赤ん坊を見ればいい。笑い顔はまるで天使のようだが、それは万人に向けられたものではない。何よりも栄養を供給してくれる母親に対する愛想が一番いい。それ以外の人間には警戒心を見せる。場合によっては寄ってくると激しく泣いて拒絶する。腹が空いたら泣き、おしめが濡れたら泣く。手にしたものは何でも口に持っていき、それを取り上げると大声で泣いて抵抗する。満足すると笑い、思い通りにならないと泣く。まさにエゴイズムの固まりである。同時に「生きる力」の固まりでもある。

エゴイズムは「生きる力」と表裏一体のものだ。だから、苦しいとき、辛いときに私達を支える根っこになる。逆境に耐える忍耐力、よりよい生活を目指して頑張る向上心、いずれも大本でエゴイズムとは切り離せない。それだけに、エゴイズムを否定し、抑圧すればいいというものではないのだ。

しかしながら、赤ん坊がそのまま大人になったら世の中は大変である。エゴイズムがぶつかり合い、始終、殺し合いや奪い合い、大きくは戦争につながる。それはまた、自分を傷つけることにもなる。

また、出世したい、子供をいい学校に入れたい、立派な家に住みたい等々、人間のエゴイズムがもたらす欲求は一様《いちよう》ではなく、ときには際限なくエスカレートする。ライオンは満腹になれば獲物を捕らない。人間は満腹になったら、大きな家に住みたいとか、きれいになりたいという違った欲求を求める。自然界ではなく、社会というものの中で人間が生きているためであろう。

その社会の中で人間は生活を営みながら、一つの知恵を生み出した。エゴイズムをコントロールすることである。そこが他の動物と人間の大きな違いだ。つまり、社会的動物である人間がやるべきはコントロールである。エゴイズムをオブラートでつつみ、他の人と正面からぶつからないようにする。エゴイズムを暴走させない歯止めをつくる。そういう知恵を持つことによって、エゴイズムは人生を活性化させるエネルギーとなる。

「こんなことを思ってはいけない」

「私はなんてエゴイストなんだろう」

そんなことを悩んでも始まらない。人間はそもそもエゴイストなのだ。そのことを自覚し、エゴイズムをコントロールすることによって、自分の持っている力、魅力は美しく輝き出す。そうなったとき、エゴイズムは創造の泉になる。

感謝の気持ちはエゴイズムの悪い面を抑止する

昔、どんなものにもおじぎしている女性の話を聞いたことがある。神社やお寺の前を通るときにおじぎをする人はいる。しかし、この人はご飯を食べるときにおじぎをし、橋を渡るときには橋におじぎ、大きな木の前を通ると木に向かっておじぎをした。どんなものでも存在するのは理由があり、役に立っていると思うから、自然に頭が下がってしまうのだそうだ。そうして毎日元気に過ごして長寿を全《まっと》うした。

この女性が示した「感謝の心」はエゴイズムをコントロールするときに、大きな援護をしてくれると思う。私は宗教心があまり強いほうではないが、ときおり「ああ、私は何か大きなものに生かされているんだな」と感じることがある。そういうときに「ありがたい」と、感謝の気持ちが自然に湧いてくる。すると、穏やかな心持ちになり、欲望、怒り、不満といったものが自然に取りのけられるような気がする。感謝の気持ちにはエゴイズムの悪い面を抑止する力があるのだろう。

別の言い方をすれば、「感謝の心」は「心の掃除」をしてくれるといえるかもしれない。

ずいぶん前になるが、『ありがとう』という題名のテレビドラマがあった。その中で、主人公のお母さんだったと思うが、毎晩、日めくりカレンダーを一枚はがすときに「今日も一日、無事に過ごせました。ありがとう」と手を合わせていたように記憶している。これは一日の終わりに、心の掃除をしていたわけだ。

人に感謝の意を呈することのなかった母の輝子だが、最後に箱根の別荘へ行ったとき、ゲストブックに私達夫婦と弟の北杜夫夫婦の名前を一人ずつ記し、「わがままな私によくしてくれてありがとう」と書いていた。これは死後になって発見された。人生最後の段階で、心の掃除を済ませて旅立ったようである。

著者紹介
斎藤茂太（さいとう　しげた）
1916年生まれ。精神科医・医学博士。斎藤病院名誉院長、日本精神科病院協会名誉会長、日本旅行作家協会会長など多くの要職を務めた。歌人で精神科医だった斎藤茂吉の長男。作家北杜夫の実兄。長年、家族・夫婦・子育て・心の病・ストレスを扱い、「心の名医」として厚い信頼を受けてきた。また、ユーモアあふれる柔和な人柄と、豊かな人生経験からの適切なアドバイスで多くの人から親しまれた。愛称は“モタさん”。2006年11月逝去。
著書に『「捨てる」「片づける」で人生はラクになる』『気持ちがすーっとラクになる本』『「こんな会社やめてやる!」と思ったら読む本』『なぜかボケない人の「ちょっとした」習慣』（以上、PHP研究所）など多数がある。

本書は、2012年３月にＰＨＰ研究所より刊行されたものである。

ＰＨＰ文庫　老いは楽しい

2015年８月19日　第１版第１刷

著　者	斎　藤　茂　太
発行者	小　林　成　彦
発行所	株式会社ＰＨＰ研究所

東京本部　〒135-8137 江東区豊洲5-6-52
文庫出版部 ☎03-3520-9617(編集)
普及一部 ☎03-3520-9630(販売)
京都本部　〒601-8411 京都市南区西九条北ノ内町11

PHP INTERFACE　http://www.php.co.jp/

組　版	朝日メディアインターナショナル株式会社
印刷所 製本所	図書印刷株式会社

ISBN978-4-569-76431-3

PHP文庫好評既刊

なぜかボケない人の「ちょっとした」習慣

斎藤茂太 著

常にユーモアと好奇心を持ち、笑うことで脳を活性化させれば認知症など怖くない。人生の達人・モタさんによる楽しい老後の過ごし方！

定価 本体四九五円（税別）

PHP文庫好評既刊

モタさんの落ちこみやすい人の〝大丈夫！〟な考え方

斎藤茂太 著

「人生に無駄な時間はない」――つらいときこそこの言葉を思い出そう。のんびりでいい、ゆっくりでいい……悩みを解決する心の処方箋。

定価 本体五一四円（税別）

PHP文庫好評既刊

モタさんの心がフワリと軽くなるちょっといい言葉

斎藤茂太 著

どんなにつらく感じるときでも、希望と幸せはそっと寄り添っている。真面目すぎ、働きすぎの日本人へ〝心の名医〟が贈る言葉の処方箋。

定価 本体五八〇円（税別）

PHP文庫好評既刊

こころがホッとする考え方

ちょっとしたことでずっとラクに生きられる

すがのたいぞう 著

こころにも息抜きは必要です。本書は、疲れたこころを癒す「処方箋」が満載。一読すれば、きっとあなたもホッとして気分がラクになる。

定価 本体四七六円（税別）

PHP文庫好評既刊

精神科医が教える
お金をかけない「老後の楽しみ方」

保坂　隆　著

現役時代と老いてからの節約は何が違う？
人生の総決算に向けた、本当に大切な事にお金とエネルギーと時間を注ぐための上手な暮らし方。

定価　本体五七一円（税別）